KB270993

미얀마어를 사용하는 국민을 위한

မြန်မာဘာသာစကား အသုံးပြုသူများအတွက် အခြေခံ ကိုရီးယားစာ သင်ယူခြင်း

기초 한글배우기

① 기초편

နံပါတ် 1
အခြေခံစာအုပ်

권용선 저

မြန်မာဘာသာစကားဖြင့် ကိုရီးယားစာ
သင်ယူခြင်း

■ 세종대왕(조선 제4대 왕)
ဆယ်ဂျုံးဘုရင်ကြီး
(ဂျိုဆောင်းခေတ် စတုတ္ထမြောက်မင်း)

대한민국 대표한글
K-한글
www.k-hangul.kr

■ 세종대왕 탄신 627돌(2024.5.15) 숭모제전
- 분향(焚香) 및 헌작(獻爵), 독축(讀祝), 사배(四拜), 헌화(獻花),
  망료례(望燎禮), 예필(禮畢), 인사말씀(국무총리)

■ 무용 : 봉래의(鳳來儀) | 국립국악원 무용단
- '용비어천가'의 가사를 무용수들이 직접 노래하고 춤을 춤으로써
  비로소 시(詩), 가(歌), 무(舞)가 합일하는 악(樂)을 완성하는 장면

■ 영릉(세종·소헌왕후)

조선 제4대 세종대왕과 소헌왕후 심씨를 모신 합장릉이다.
세종대왕은 한글을 창제하고 혼천의를 비롯한 여러 과학기기를 발명하는 등 재위기간 중 뛰어난 업적을
이룩하였다.

■ 소재지(Location): 대한민국 경기도 여주시 세종대왕면 영릉로 269-10

■ 대표 업적
- 한글 창제: 1443년(세종 25년)~1446년 9월 반포
- 학문 창달
- 과학의 진흥
- 외치와 국방
- 음악의 정리
- 속육전 등의 법전 편찬 및 정리
- 각종 화학 무기 개발

■ အမိက ဆောင်ရွက်ခဲ့သည်များမှာ

ဂျူဆောင်းခေတ် စတုတ္ထမြောက်မင်း ဆယ်ဂျိုးဘုရင်ကြီးနှင့် ဆိုဟောင်းမိဖုရား ရှင်ရှိတို့ကို ထားရှိသည့် ဘုရင်အုတ်ဂူဖြစ်ပါသည်။
ဆယ်ဂျိုးဘုရင်ကြီးသည် ကိုရီးယားစာကို တီထွင်ခဲ့ပြီး နက္ခတ်တာရာကြည့်ကိရိယာအပြင် အမျိုးမျိုးသော
သိပ္ပံနည်းကျကိရိယာများကို တီထွင်ခဲ့ကာ ထီးနန်းဆက်ခံအုပ်ချုပ်ခဲ့သည့် ကာလတစ်လျှောက်
ထူးချွန်ပြောင်မြောက်သော ဆောင်ရွက်ချက်များစွာ ရရှိခဲ့ပါသည်။

■ တည်နေရာ(Location)။ ။ ကိုရီးယားသမ္မတနိုင်ငံ ဂရောင်းဂီဒို ယောဂျူရှီ ဆယ်ဂျိုးဒယ်ဝမ်းမြောင်း ယောင်းနွန်းရို 269-10

■ အမိက ဆောင်ရွက်ခဲ့သည်များမှာ

- ကိုရီးယားစာလုံး တီထွင်မှု: 1443ခုနှစ်(ဆယ်ဂျိုး 25နှစ်)~1446ခုနှစ် 9လပိုင်း ထုတ်ပြန်ကြေညာ

- အသိပညာ ဗဟုသုတ ကြွယ်ဝစေမှု

- သိပ္ပံပညာ ဖွံ့ဖြိုးတိုးတက်စေမှု

- သံတမန်ရေးရာနှင့် တိုင်းပြည် ကာကွယ်ရေး

- တေးဂီတ မွမ်းမံပြင်ဆင်မှု

- တရားဥပဒေရေးရာစာအုပ် စသည့် ဥပဒေရေးရာ စာအုပ်များ ပြင်ဆင်ထုတ်ဝေခဲ့ခြင်း

- အမျိုးမျိုးသော ဓာတုလက်နက်များ တီထွင်ခဲ့ခြင်း

머리말 မိတ်ဆက်

Let's learn Hangul !

ကိုရီးယားစာသည် ဗျည်း ၁၄လုံး၊ သရ ၁၀လုံးအပြင် နှစ်ထပ်ဗျည်းနှင့် နှစ်ထပ်သရတို့ဖြင့် စာလုံးပေါင်းကာ အသံထွက်ရပါသည်။ ကိုရီးယားစာလုံးပေါင်း အရေအတွက်သည် ခန့်မှန်းခြေ ၁၁,၁၇၀လုံးလောက် ရှိပြီး ၎င်းတို့ထဲမှ ၃၀ရာခိုင်နှုန်းလောက်ကို အဓိက အသုံးပြုလျက် ရှိပါသည်။ ဒီ စာအုပ်သည် နေ့စဉ်ဘဝတွင် အသုံးများသော ကိုရီးယားစကားများဖြင့် အဓိကဖွဲ့စည်းထားပြီး၊ အောက်ပါ အခြေအနေများကို ဗဟိုပြု ထည့်သွင်းထားပါသည်။

■ ကိုရီးယားစာ၏ အခြေခံ ဗျည်းနှင့် သရကို သင်ယူလေ့လာနိုင်သော အခြေခံသင်ခန်းစာများဖြင့် ဖွဲ့စည်းထားပါသည်။
■ ကိုရီးယားစာ ရေးပုံရေးနည်းများ ဖော်ပြထားပြီး တိကျမှန်ကန်စွာ ကိုရီးယားစာအခြေခံ ပိုင်နိုင်စေရန် ရည်ရွယ်ပါသည်။
■ ကိုရီးယားစာလုံးများနှင့် ရင်းနှီးကျွမ်းဝင်စေရန် ထပ်ခါတလဲလဲ အရေးလေ့ကျင့်ဖြစ်စေရန် 'အရေး'ပိုင်းကို အဓိကထား ထည့်သွင်းထားပါသည်။
■ ဟုမ်းပေ့ချ်(www.K-hangul.kr)တွင် သင်ရိုးစာအုပ်နှင့် အတူ လေ့ကျင့်နိုင်သော အချက်အလက်များ တင်ပေးထားပါသည်။
■ ကိုရီးယားနိုင်ငံ၏ နေ့စဉ်ဘဝတွင် အသုံးများသော စာလုံးများနှင့် ဝေါဟာရများကို အဓိကထားပြီး ဖွဲ့စည်းထားပါသည်။
■ အသုံးပြုမှု သိပ် မရှိသော ကိုရီးယားစာလုံးများကို လျှော့ပြီး အမှန်တကယ် လိုအပ်သော အကြောင်းအရာများကိုသာ ထည့်သွင်းထားပါသည်။

ဘာသာစကား သင်ယူခြင်းသည် ယဉ်ကျေးမှု သင်ယူခြင်းဖြစ်ပြီး အတွေးအခေါ်နှင့် အမြင်ကိုပါ ကျယ်လာစေပါသည်။ ဒီ စာအုပ်သည် ကိုရီးယားစာ သင်ယူမှုအတွက် အခြေခံ စာအုပ်တစ်အုပ်အဖြစ် အကြောင်းအရာများကို စေ့စပ်စွာ လေ့လာသင်ယူပြီးပါက ကိုရီးယားစာပါမက ကိုရီးယားနိုင်ငံ ယဉ်ကျေးမှုနှင့် စိတ်ဓာတ်ပိုင်းအထိပါ ကျယ်ကျယ်ပြန့်ပြန့် နားလည်သွားမှာ ဖြစ်ပါသည်။

ကျေးဇူးတင်ပါသည်။

한글은 자음 14자, 모음 10자 그 외에 겹자음과 겹모음의 조합으로 글자가 이루어지며 소리를 갖게 됩니다. 한글 조합자는 약 11,170자로 이루어져 있는데, 그중 30% 정도가 주로 사용되고 있습니다. 이 책은 실생활에서 자주 사용하는 우리말을 토대로 내용을 구성하였고, 다음 사항을 중심으로 개발 되었습니다.

■ 한글의 자음과 모음을 기초로 배우는 기본 학습내용으로 이루어져 있습니다.
■ 한글의 필순을 제시하여 올바른 한글 사용의 기초를 튼튼히 다지도록 했습니다.
■ 반복적인 쓰기 학습을 통해 자연스레 한글을 습득할 수 있도록 '쓰기'에 많은 지면을 할애하였습니다.
■ 홈페이지(www.k-hangul.kr)에 교재와 병행 학습할 수 있는 자료를 제공하고 있습니다.
■ 한국의 일상생활에서 자주 사용되는 글자나 낱말을 중심으로 내용을 구성하였습니다.
■ 사용빈도가 높지 않은 한글에 대한 내용은 줄이고 꼭 필요한 내용만 수록하였습니다.

언어를 배우는 것은 문화를 배우는 것이며, 사고의 폭을 넓히는 계기가 됩니다. 이 책은 한글 학습에 기본이 되는 교재이므로 내용을 꼼꼼하게 터득하면 한글은 물론 한국의 문화와 정신까지 폭넓게 이해 하게 될 것입니다.

※참고 : 본 교재는 ❶기초편으로, ❷문장편 ❸대화편 ❹생활 편으로 구성되어 출간 판매 중에 있습니다.
　ကိုးကား။ ။ ဒီ စာအုပ်သည် ❶အခြေခံစာအုပ်အဖြစ်, ❷ဝါကျအပိုင်း ❸ စကားပြောအပိုင်း ❹လူနေမှုအပိုင်းများ ပါဝင်ပြီး ပုံနှိပ်ထုတ်ဝေရောင်းချလျက် ရှိပါသည်။

※판매처 : 교보문고, 알라딘, yes24, 네이버, 쿠팡 등
※ ဝယ်ယူရရှိနိုင်သော နေရာများ။ ။ဂျိုဘိုမွန်းဂို၊ အာလာဒင်၊ yes24၊ နေဗာ၊ ကူဖန် စသဖြင့်

저자 권용선

차례 မာတိကာ

제1장

자음

아ခန်း 1 ဗျည်း

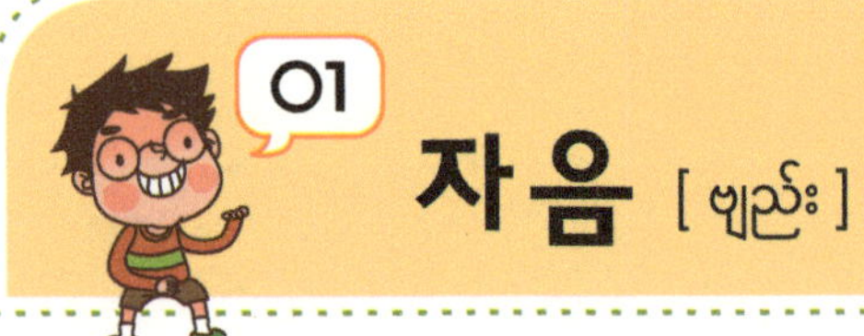

월   일

자음 읽기 [ဗျည်း အဖတ်]

ㄱ	ㄴ	ㄷ	ㄹ	ㅁ
기역(Giyeok)	니은(Nieun)	디귿(Digeut)	리을(Rieul)	미음(Mieum)
ㅂ	ㅅ	ㅇ	ㅈ	ㅊ
비읍(Bieup)	시옷(Siot)	이응(Ieung)	지읒(Jieut)	치읓(Chieut)
ㅋ	ㅌ	ㅍ	ㅎ	
키읔(Kieuk)	티읕(Tieut)	피읖(Pieup)	히읗(Hieut)	

자음 쓰기 [ဗျည်း အရေး]

ㄱ	ㄴ	ㄷ	ㄹ	ㅁ
기역(Giyeok)	니은(Nieun)	디귿(Digeut)	리을(Rieul)	미음(Mieum)
ㅂ	ㅅ	ㅇ	ㅈ	ㅊ
비읍(Bieup)	시옷(Siot)	이응(Ieung)	지읒(Jieut)	치읓(Chieut)
ㅋ	ㅌ	ㅍ	ㅎ	
키읔(Kieuk)	티읕(Tieut)	피읖(Pieup)	히읗(Hieut)	

미얀마어를 사용하는 국민을 위한 기초 한글배우기
မြန်မာဘာသာစကား အသုံးပြုသူများအတွက် အခြေခံ ကိုရီးယားစာ သင်ယူခြင်း

자음 [ဗျည်း]

월 　 일

자음 익히기 [ဗျည်း လေ့ကျင့်ခြင်း]

다음 자음을 쓰는 순서에 맞게 따라 쓰세요.
(အောက်ပါ ဗျည်းများကို ရေးနည်းအစဉ်အတိုင်း မှန်ကန်စွာ လိုက်ရေးပါ။)

자음 ဗျည်း	이름 အမည်	쓰는 순서 ရေးနည်း	영어 표기 အင်္ဂလိပ် အသံထွက်	쓰기 အရေး					
ㄱ	기역		Giyeok	ㄱ					
ㄴ	니은		Nieun	ㄴ					
ㄷ	디귿		Digeut	ㄷ					
ㄹ	리을		Rieul	ㄹ					
ㅁ	미음		Mieum	ㅁ					
ㅂ	비읍		Bieup	ㅂ					
ㅅ	시옷		Siot	ㅅ					
ㅇ	이응		Ieung	ㅇ					
ㅈ	지읒		Jieut	ㅈ					
ㅊ	치읓		Chieut	ㅊ					
ㅋ	키읔		Kieuk	ㅋ					
ㅌ	티읕		Tieut	ㅌ					
ㅍ	피읖		Pieup	ㅍ					
ㅎ	히읗		Hieut	ㅎ					

03 한글 자음과 모음표

[ကိုရီးယားစာ ဗျည်းနှင့် သရ ဇယား]

※ 참고 : 음절표(18p~37P)에서 학습할 내용

mp3 자음 모음	ㅏ (아)	ㅑ (야)	ㅓ (어)	ㅕ (여)	ㅗ (오)	ㅛ (요)	ㅜ (우)	ㅠ (유)	ㅡ (으)	ㅣ (이)
ㄱ (기역)	가	갸	거	겨	고	교	구	규	그	기
ㄴ (니은)	나	냐	너	녀	노	뇨	누	뉴	느	니
ㄷ (디귿)	다	댜	더	뎌	도	됴	두	듀	드	디
ㄹ (리을)	라	랴	러	려	로	료	루	류	르	리
ㅁ (미음)	마	먀	머	며	모	묘	무	뮤	므	미
ㅂ (비읍)	바	뱌	버	벼	보	뵤	부	뷰	브	비
ㅅ (시옷)	사	샤	서	셔	소	쇼	수	슈	스	시
ㅇ (이응)	아	야	어	여	오	요	우	유	으	이
ㅈ (지읒)	자	쟈	저	져	조	죠	주	쥬	즈	지
ㅊ (치읓)	차	챠	처	쳐	초	쵸	추	츄	츠	치
ㅋ (키읔)	카	캬	커	켜	코	쿄	쿠	큐	크	키
ㅌ (티읕)	타	탸	터	텨	토	툐	투	튜	트	티
ㅍ (피읖)	파	퍄	퍼	펴	포	표	푸	퓨	프	피
ㅎ (히읗)	하	햐	허	혀	호	효	후	휴	흐	히

제2장

모음

아ခန်း 2 သရ

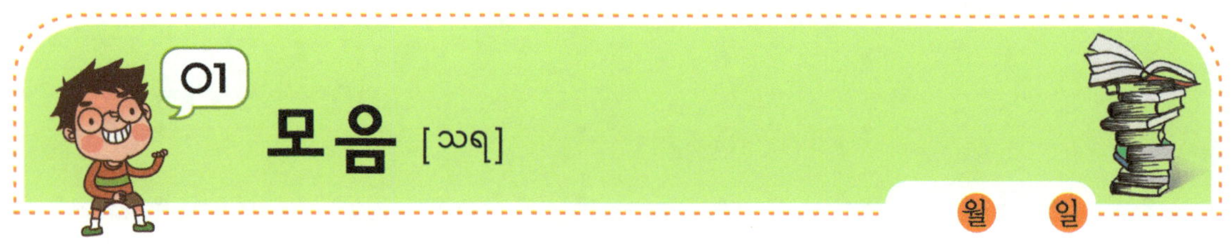

모음 읽기 [သရ အဖတ်]

ㅏ	ㅑ	ㅓ	ㅕ	ㅗ
아(A)	야(Ya)	어(Eo)	여(Yeo)	오(O)
ㅛ	ㅜ	ㅠ	ㅡ	ㅣ
요(Yo)	우(U)	유(Yu)	으(Eu)	이(I)

모음 쓰기 [သရ အရေး]

ㅏ	ㅑ	ㅓ	ㅕ	ㅗ
아(A)	야(Ya)	어(Eo)	여(Yeo)	오(O)
ㅛ	ㅜ	ㅠ	ㅡ	ㅣ
요(Yo)	우(U)	유(Yu)	으(Eu)	이(I)

모음 [သရ]

월 일

모음 익히기 [သရ လေ့ကျင့်ခြင်း]

다음 모음을 쓰는 순서에 맞게 따라 쓰세요.
(အောက်ပါ သရများကို ရေးနည်းအစဉ်အတိုင်း မှန်ကန်စွာ လိုက်ရေးပါ။)

모음 သရ	이름 အမည်	쓰는 순서 ရေးနည်း	영어 표기 အင်္ဂလိပ် အသံထွက်	쓰기 အရေး					
ㅏ	아		A	ㅏ					
ㅑ	야		Ya	ㅑ					
ㅓ	어		Eo	ㅓ					
ㅕ	여		Yeo	ㅕ					
ㅗ	오		O	ㅗ					
ㅛ	요		Yo	ㅛ					
ㅜ	우		U	ㅜ					
ㅠ	유		Yu	ㅠ					
ㅡ	으		Eu	ㅡ					
ㅣ	이		I	ㅣ					

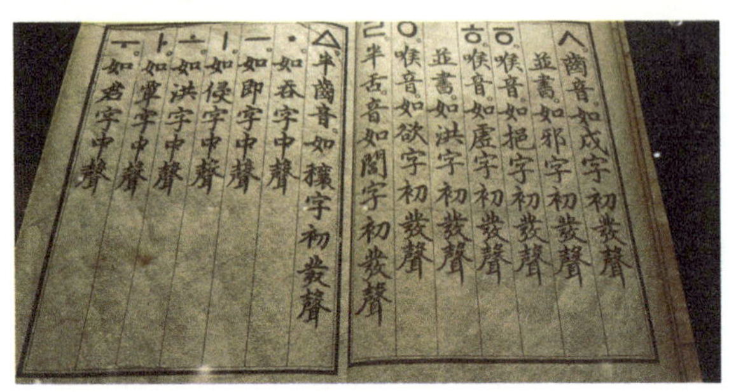

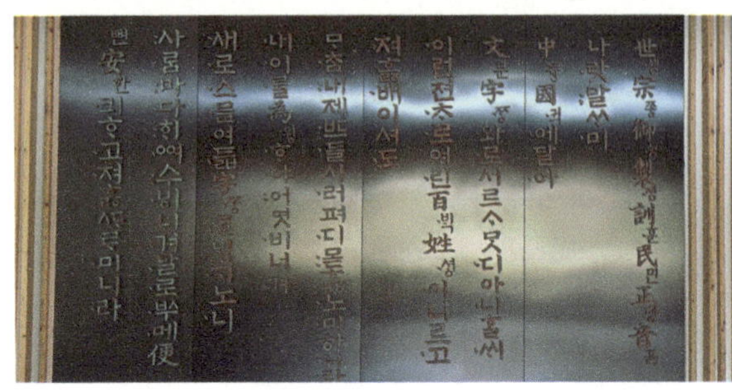

- 훈민정음(訓民正音) : 새로 창제된 훈민정음을 1446년(세종 28) 정인지 등 집현전 학사들이 저술한 한문해설서이다. 해례가 붙어 있어서⟨훈민정음 해례본 訓民正音 解例本⟩이라고도 하며 예의(例義), 해례(解例), 정인지 서문으로 구성되어 있다. 특히 서문에는 **훈민정음을 만든 이유,** 편찬자, 편년월일, 우수성을 기록하고 있다. 1997년 유네스코 세계기록유산으로 등록되었다.

■ 훈민정음(訓民正音)을 만든 이유
- 훈민정음은 백성을 가르치는 바른 소리 -

훈민정음 서문에 나오는 '나랏말씀이 중국과 달라 한자와 서로 통하지 않는다.' 는 말은 풍속과 기질이 달라 성음(聲音)이 서로 같지 않게 된다는 것이다.

"이런 이유로 어리석은 백성이 말하고 싶은 것이 있어도 마침내 제 뜻을 표현하지 못하는 사람이 많다. 이를 불쌍히 여겨 새로 28자를 만들었으니 사람마다 쉽게 익혀 씀에 편하게 할 뿐이다."

지혜로운 사람은 아침나절이 되기 전에 이해하고 어리석은 사람도 열흘이면 배울 수 있는 훈민정음은 바람소리, 학의 울음이나 닭 울음소리, 개 짖는 소리까지 모두 표현해 쓸 수 있어 지구상의 모든 문자 가운데 가장 창의적이고 과학적이라는 찬사를 받는 문자이다.

-세종 28년-

■ 세종대왕 약력
- 조선 제4대 왕
- 이름: 이도
- 출생지: 서울(한양)
- 생년월일: 1397년 5월 15일~1450년 2월 17일
- 재위 기간: 1418년 8월~1450년 2월(31년 6개월)

■ ဟွန်းမင်းဂျောင်းအွန်းမ်(訓民正音) တီထွင်ခဲ့သည့် အကြောင်းရင်း
-ဟွန်းမင်းဂျောင်းအွန်းမ်သည် တိုင်းသူပြည်သားများအား လမ်းပြပေးသည့် မှန်ကန်သော အသံ-

ဟွန်းမင်းဂျောင်းအွန်းမ် မိတ်ဆက်တွင် ဖော်ပြထားသည်မှာ 'ကိုရီးယားစကားသည် တရုတ်စကားနှင့် မတူသောကြောင့် တရုတ်စာလုံးများနှင့် ဖော်ပြ၍ မရပါ။' ဟူသည့် စကားသည် ဓလေ့နှင့် ထုံးတမ်း မတူသည့်အတွက် အသံထွက်(聲音)လည်း မတူနိုင်ဟု ဆိုလိုခြင်း ဖြစ်သည်။

"ထိုကဲ့သို့သော အကြောင်းရင်းကြောင့် အသိဉာဏ်နည်းပါးသော ပြည်သူများသည် ပြောချင်သော စကားများ ရှိပါလျက် ဆိုလိုရင်းကို သေချာစွာ မဖော်ပြနိုင်သော သူက များပါသည်။ ထိုသို့သော ပြည်သူများအား သနားစာနာသောအားဖြင့် လူတိုင်း အလွယ်တကူ လေ့လာသင်ယူ ရေးသားနိုင်စေရန် စာလုံး 28လုံးကို အသစ်တီထွင်ခဲ့ပါသည်။

ဉာဏ်ရည်မြင့်မားသော သူများသည် တစ်မနက်တည်းဖြင့် နားလည်သဘောပေါက်ပြီး၊ ဉာဏ်ရည်နိမ့်သော သူများမှာ 10ရက်တည်းဖြင့် သင်ယူတတ်မြောက်နိုင်သော ဟွန်းမင်းဂျောင်းအွန်းမ်သည် လေတိုက်သံ၊ ငှက်သံ၊ ကြက်တွန်သံ၊ ခွေးဟောင်သံများအထိပါ အလုံးစုံ ဖော်ပြနိုင်သည့်အတွက် ကမ္ဘာပေါ်မှာ အသုံးပြုနေကြသည့် စာလုံးများအကြား ထူးခြားပြောင်မြောက်ဆုံးဖြစ်ပြီး၊ သိပ္ပံနည်းကျဆုံး စာလုံးဟူသော ချီးကျူးခြင်း ခံရသော စာလုံးဖြစ်ပါသည်။

-ဆယ်ဂျိုး 28နှစ်-

■ ဆယ်ဂျိုးဘုရင်ကြီး၏ အတ္ထုပ္ပတ္တိအကျဉ်း ■

- ဂျိုဆောင်းခေတ် စတုတ္ထမြောက်မင်း - အမည်: လီဒို

- မွေးရပ်: ဆိုးလ်(ဟန်ယန်း)   - မွေးသက္ကရာဇ်: 1397ခုနှစ် 5လပိုင်း 15ရက်~1450ခုနှစ် 2လပိုင်း 17ရက်

- ထီးနန်းဆက်ခံအုပ်ချုပ်ခဲ့သည့် ကာလ: 1418ခုနှစ် 8လပိုင်း~1450ခုနှစ် 2လပိုင်း(31နှစ်နှင့် 6လ)

제3장

겹자음과 겹모음

아칸 3 နှစ်ထပ်ဗျည်းနှင့်
နှစ်ထပ်သရ

01 겹자음 [နှစ်ထပ်ဗျည်း]

월   일

겹자음 읽기 [နှစ်ထပ်ဗျည်း အဖတ်]

ㄲ	ㄸ	ㅃ	ㅆ	ㅉ
쌍기역 (Ssanggiyeok)	쌍디귿 (Ssangdigeut)	쌍비읍 (Ssangbieup)	쌍시옷 (Ssangsiot)	쌍지읒 (Ssangjieut)

겹자음 쓰기 [နှစ်ထပ်ဗျည်း အရေး]

ㄲ	ㄸ	ㅃ	ㅆ	ㅉ
쌍기역 (Ssanggiyeok)	쌍디귿 (Ssangdigeut)	쌍비읍 (Ssangbieup)	쌍시옷 (Ssangsiot)	쌍지읒 (Ssangjieut)

겹자음 익히기 [နှစ်ထပ်ဗျည်း လေ့ကျင့်ခြင်း]

다음 겹자음을 쓰는 순서에 맞게 따라 쓰세요.
(အောက်ပါ နှစ်ထပ်ဗျည်း များကို ရေးနည်းအစဉ်အတိုင်း မှန်ကန်စွာ လိုက်ရေးပါ။)

겹자음 နှစ်ထပ်ဗျည်း	이름 အမည်	쓰는 순서 ရေးနည်း	영어 표기 အင်္ဂလိပ် အသံထွက်	쓰기 အရေး					
ㄲ	쌍기역		Ssanggiyeok	ㄲ					
ㄸ	쌍디귿		Ssangdigeut	ㄸ					
ㅃ	쌍비읍		Ssangbieup	ㅃ					
ㅆ	쌍시옷		Ssangsiot	ㅆ					
ㅉ	쌍지읒		Ssangjieut	ㅉ					

 **O2**

겹모음 [နှစ်ထပ်သရ]

겹모음 읽기 [နှစ်ထပ်သရ အဖတ်]

ㅐ	ㅔ	ㅒ	ㅖ	ㅘ
애(Ae)	에(E)	얘(Yae)	예(Ye)	와(Wa)
ㅙ	ㅚ	ㅝ	ㅞ	ㅟ
왜(Wae)	외(Oe)	워(Wo)	웨(We)	위(Wi)
ㅢ				
의(Ui)				

겹모음 쓰기 [နှစ်ထပ်သရ အရေး]

ㅐ	ㅔ	ㅒ	ㅖ	ㅘ
애(Ae)	에(E)	얘(Yae)	예(Ye)	와(Wa)
ㅙ	ㅚ	ㅝ	ㅞ	ㅟ
왜(Wae)	외(Oe)	워(Wo)	웨(We)	위(Wi)
ㅢ				
의(Ui)				

겹모음 [နှစ်ထပ်သရ]

월   일

겹모음 익히기 [နှစ်ထပ်သရ လေ့ကျင့်ခြင်း]

다음 겹모음을 쓰는 순서에 맞게 따라 쓰세요.
(အောက်ပါ နှစ်ထပ်သရများကို ရေးနည်းအစဉ်အတိုင်း မှန်ကန်စွာ လိုက်ရေးပါ။)

겹모음 နှစ်ထပ်သရ	이름 အမည်	쓰는 순서 ရေးနည်း	영어 표기 အင်္ဂလိပ် အသံထွက်	쓰기 အရေး				
ㅐ	애		Ae	ㅐ				
ㅔ	에		E	ㅔ				
ㅒ	얘		Yae	ㅒ				
ㅖ	예		Ye	ㅖ				
ㅘ	와		Wa	ㅘ				
ㅙ	왜		Wae	ㅙ				
ㅚ	외		Oe	ㅚ				
ㅝ	워		Wo	ㅝ				
ㅞ	웨		We	ㅞ				
ㅟ	위		Wi	ㅟ				
ㅢ	의		Ui	ㅢ				

제4장

음절표

အခန်း 4 အသံထွက်ဖယား

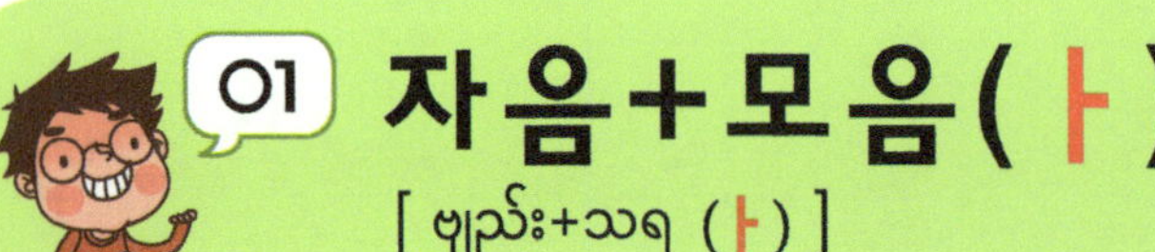

자음+모음(ㅏ) 읽기 [ဗျည်း+သရ (ㅏ) အဖတ်]

가	나	다	라	마
Ga	Na	Da	Ra	Ma
바	사	아	자	차
Ba	Sa	A	Ja	Cha
카	타	파	하	
Ka	Ta	Pa	Ha	

자음+모음(ㅏ) 쓰기 [ဗျည်း+သရ (ㅏ) အရေး]

가	나	다	라	마
Ga	Na	Da	Ra	Ma
바	사	아	자	차
Ba	Sa	A	Ja	Cha
카	타	파	하	
Ka	Ta	Pa	Ha	

01 자음+모음(ㅏ)
[ဗျည်း+သရ (ㅏ)]

월   일

자음+모음(ㅏ) 익히기 [ဗျည်း+သရ (ㅏ) လေ့ကျင့်ခြင်း]

다음 자음+모음(ㅏ)을 쓰는 순서에 맞게 따라 쓰세요.

(အောက်ပါ ဗျည်း+သရ (ㅏ) ကို ရေးနည်းအစဉ်အတိုင်း မှန်ကန်စွာ လိုက်ရေးပါ။)

자음+모음(ㅏ)	이름	쓰는 순서	영어 표기	쓰기					
ㄱ+ㅏ	가	가	Ga	가					
ㄴ+ㅏ	나	나	Na	나					
ㄷ+ㅏ	다	다	Da	다					
ㄹ+ㅏ	라	라	Ra	라					
ㅁ+ㅏ	마	마	Ma	마					
ㅂ+ㅏ	바	바	Ba	바					
ㅅ+ㅏ	사	사	Sa	사					
ㅇ+ㅏ	아	아	A	아					
ㅈ+ㅏ	자	자	Ja	자					
ㅊ+ㅏ	차	차	Cha	차					
ㅋ+ㅏ	카	카	Ka	카					
ㅌ+ㅏ	타	타	Ta	타					
ㅍ+ㅏ	파	파	Pa	파					
ㅎ+ㅏ	하	하	Ha	하					

자음+모음(ㅓ) 읽기 [ဗျည်း+သရ (ㅓ) အဖတ်]

거	너	더	러	머
Geo	Neo	Deo	Reo	Meo
버	서	어	저	처
Beo	Seo	Eo	Jeo	Cheo
커	터	퍼	허	
Keo	Teo	Peo	Heo	

자음+모음(ㅓ) 쓰기 [ဗျည်း+သရ (ㅓ) အရေး]

거	너	더	러	머
Geo	Neo	Deo	Reo	Meo
버	서	어	저	처
Beo	Seo	Eo	Jeo	Cheo
커	터	퍼	허	
Keo	Teo	Peo	Heo	

자음+모음(ㅓ)

[ဗျည်း+သရ (ㅓ)]

월   일

자음+모음(ㅓ) 익히기 [ဗျည်း+သရ (ㅓ) လေ့ကျင့်ခြင်း]

다음 자음+모음(ㅓ)을 쓰는 순서에 맞게 따라 쓰세요.

(အောက်ပါ ဗျည်း+သရ (ㅓ) ကို ရေးနည်းအစဉ်အတိုင်း မှန်ကန်စွာ လိုက်ရေးပါ။)

자음+모음(ㅓ)	이름	쓰는 순서	영어 표기	쓰기					
ㄱ+ㅓ	거	거	Geo	거					
ㄴ+ㅓ	너	너	Neo	너					
ㄷ+ㅓ	더	더	Deo	더					
ㄹ+ㅓ	러	러	Reo	러					
ㅁ+ㅓ	머	머	Meo	머					
ㅂ+ㅓ	버	버	Beo	버					
ㅅ+ㅓ	서	서	Seo	서					
ㅇ+ㅓ	어	어	Eo	어					
ㅈ+ㅓ	저	저	Jeo	저					
ㅊ+ㅓ	처	처	Cheo	처					
ㅋ+ㅓ	커	커	Keo	커					
ㅌ+ㅓ	터	터	Teo	터					
ㅍ+ㅓ	퍼	퍼	Peo	퍼					
ㅎ+ㅓ	허	허	Heo	허					

자음+모음(ㅗ) 읽기 [ဗျည်း+သရ (ㅗ) အဖတ်]

고	노	도	로	모
Go	No	Do	Ro	Mo
보	소	오	조	초
Bo	So	O	Jo	Cho
코	토	포	호	
Ko	To	Po	Ho	

자음+모음(ㅗ) 쓰기 [ဗျည်း+သရ (ㅗ) အရေး]

고	노	도	로	모
Go	No	Do	Ro	Mo
보	소	오	조	초
Bo	So	O	Jo	Cho
코	토	포	호	
Ko	To	Po	Ho	

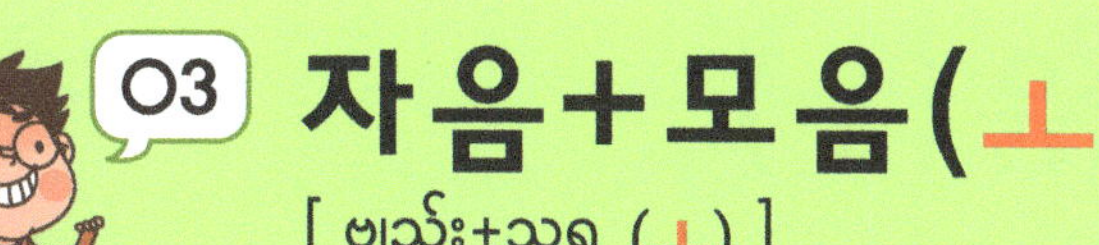

O3 자음+모음(ㅗ)

[ဗျည်း+သရ (ㅗ)]

월 일

자음+모음(ㅗ) 익히기 [ဗျည်း+သရ (ㅗ) လေ့ကျင့်ခြင်း]

다음 자음+모음(ㅗ)을 쓰는 순서에 맞게 따라 쓰세요.

(အောက်ပါ ဗျည်း+သရ (ㅗ) ကို ရေးနည်းအစဉ်အတိုင်း မှန်ကန်စွာ လိုက်ရေးပါ။)

자음+모음(ㅗ)	이름	쓰는 순서	영어 표기	쓰기
ㄱ+ㅗ	고	고	Go	고
ㄴ+ㅗ	노	노	No	노
ㄷ+ㅗ	도	도	Do	도
ㄹ+ㅗ	로	로	Ro	로
ㅁ+ㅗ	모	모	Mo	모
ㅂ+ㅗ	보	보	Bo	보
ㅅ+ㅗ	소	소	So	소
ㅇ+ㅗ	오	오	O	오
ㅈ+ㅗ	조	조	Jo	조
ㅊ+ㅗ	초	초	Cho	초
ㅋ+ㅗ	코	코	Ko	코
ㅌ+ㅗ	토	토	To	토
ㅍ+ㅗ	포	포	Po	포
ㅎ+ㅗ	호	호	Ho	호

자음+모음(ㅜ) 읽기 [ဗျည်း+သရ (ㅜ) အဖတ်]

구	누	두	루	무
Gu	Nu	Du	Ru	Mu
부	수	우	주	추
Bu	Su	U	Ju	Chu
쿠	투	푸	후	
Ku	Tu	Pu	Hu	

자음+모음(ㅜ) 쓰기 [ဗျည်း+သရ (ㅜ) အရေး]

구	누	두	루	무
Gu	Nu	Du	Ru	Mu
부	수	우	주	추
Bu	Su	U	Ju	Chu
쿠	투	푸	후	
Ku	Tu	Pu	Hu	

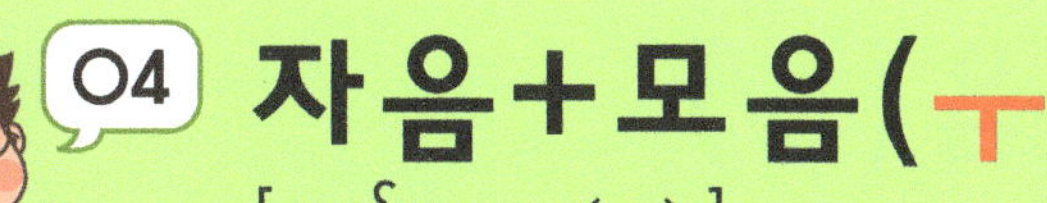

04 자음+모음(ㅜ)
[ဗျည်း+သရ (ㅜ)]

자음+모음(ㅜ) 익히기 [ဗျည်း+သရ (ㅜ) လေ့ကျင့်ခြင်း]

다음 자음+모음(ㅜ)을 쓰는 순서에 맞게 따라 쓰세요.

(အောက်ပါ ဗျည်း+သရ (ㅜ) ကို ရေးနည်းအစဉ်အတိုင်း မှန်ကန်စွာ လိုက်ရေးပါ။)

자음+모음(ㅜ)	이름	쓰는 순서	영어 표기	쓰기				
ㄱ+ㅜ	구	구	Gu	구				
ㄴ+ㅜ	누	누	Nu	누				
ㄷ+ㅜ	두	두	Du	두				
ㄹ+ㅜ	루	루	Ru	루				
ㅁ+ㅜ	무	무	Mu	무				
ㅂ+ㅜ	부	부	Bu	부				
ㅅ+ㅜ	수	수	Su	수				
ㅇ+ㅜ	우	우	U	우				
ㅈ+ㅜ	주	주	Ju	주				
ㅊ+ㅜ	추	추	Chu	추				
ㅋ+ㅜ	쿠	쿠	Ku	쿠				
ㅌ+ㅜ	투	투	Tu	투				
ㅍ+ㅜ	푸	푸	Pu	푸				
ㅎ+ㅜ	후	후	Hu	후				

월   일

자음+모음(ㅡ) 읽기 [ဗျည်း+သရ (ㅡ) အဖတ်]

그	느	드	르	므
Geu	Neu	Deu	Reu	Meu
브	스	으	즈	츠
Beu	Seu	Eu	Jeu	Cheu
크	트	프	흐	
Keu	Teu	Peu	Heu	

자음+모음(ㅡ) 쓰기 [ဗျည်း+သရ (ㅡ) အရေး]

그	느	드	르	므
Geu	Neu	Deu	Reu	Meu
브	스	으	즈	츠
Beu	Seu	Eu	Jeu	Cheu
크	트	프	흐	
Keu	Teu	Peu	Heu	

자음＋모음(ㅡ)
[ဗျည်း+သရ (ㅡ)]

자음＋모음(ㅡ) 익히기 [ဗျည်း+သရ (ㅡ) လေ့ကျင့်ခြင်း]

다음 자음＋모음(ㅡ)을 쓰는 순서에 맞게 따라 쓰세요.

(အောက်ပါ ဗျည်း+သရ (ㅡ) ကို ရေးနည်းအစဉ်အတိုင်း မှန်ကန်စွာ လိုက်ရေးပါ။)

자음＋모음(ㅡ)	이름	쓰는 순서	영어 표기	쓰기			
ㄱ＋ㅡ	그		Geu	그			
ㄴ＋ㅡ	느		Neu	느			
ㄷ＋ㅡ	드		Deu	드			
ㄹ＋ㅡ	르		Reu	르			
ㅁ＋ㅡ	므		Meu	므			
ㅂ＋ㅡ	브		Beu	브			
ㅅ＋ㅡ	스		Seu	스			
ㅇ＋ㅡ	으		Eu	으			
ㅈ＋ㅡ	즈		Jeu	즈			
ㅊ＋ㅡ	츠		Cheu	츠			
ㅋ＋ㅡ	크		Keu	크			
ㅌ＋ㅡ	트		Teu	트			
ㅍ＋ㅡ	프		Peu	프			
ㅎ＋ㅡ	흐		Heu	흐			

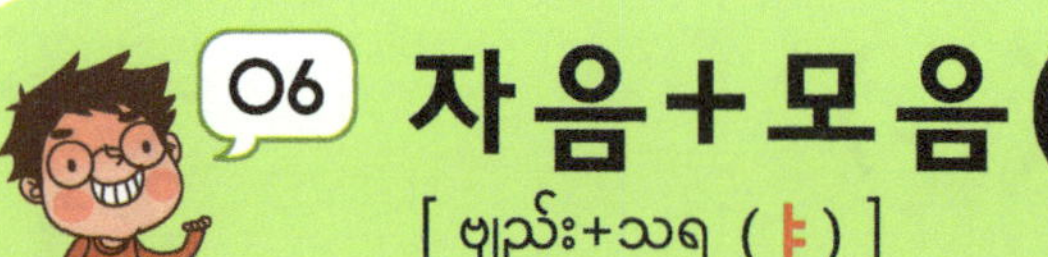

월   일

자음+모음(ㅑ) 읽기 [ဗျည်း+သရ (ㅑ) အဖတ်]

갸	냐	댜	랴	먀
Gya	Nya	Dya	Rya	Mya
뱌	샤	야	쟈	챠
Bya	Sya	Ya	Jya	Chya
캬	탸	퍄	햐	
Kya	Tya	Pya	Hya	

자음+모음(ㅑ) 쓰기 [ဗျည်း+သရ (ㅑ) အရေး]

갸	냐	댜	랴	먀
Gya	Nya	Dya	Rya	Mya
뱌	샤	야	쟈	챠
Bya	Sya	Ya	Jya	Chya
캬	탸	퍄	햐	
Kya	Tya	Pya	Hya	

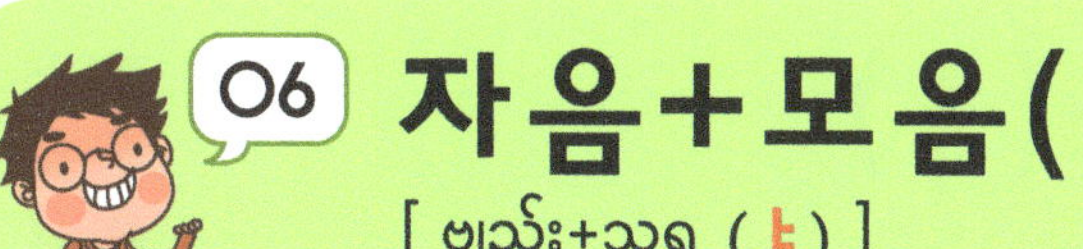

06 자음+모음(ㅑ)

[ဗျည်း+သရ (ㅑ)]

자음+모음(ㅑ) 익히기 [ဗျည်း+သရ (ㅑ) လေ့ကျင့်ခြင်း]

다음 자음+모음(ㅑ)을 쓰는 순서에 맞게 따라 쓰세요.

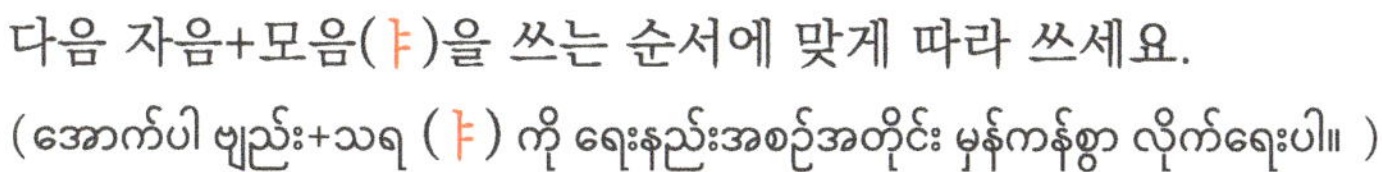
(အောက်ပါ ဗျည်း+သရ (ㅑ) ကို ရေးနည်းအစဉ်အတိုင်း မှန်ကန်စွာ လိုက်ရေးပါ။)

자음+모음(ㅑ)	이름	쓰는 순서	영어 표기	쓰기					
ㄱ+ㅑ	갸	갸	Gya	갸					
ㄴ+ㅑ	냐	냐	Nya	냐					
ㄷ+ㅑ	댜	댜	Dya	댜					
ㄹ+ㅑ	랴	랴	Rya	랴					
ㅁ+ㅑ	먀	먀	Mya	먀					
ㅂ+ㅑ	뱌	뱌	Bya	뱌					
ㅅ+ㅑ	샤	샤	Sya	샤					
ㅇ+ㅑ	야	야	Ya	야					
ㅈ+ㅑ	쟈	쟈	Jya	쟈					
ㅊ+ㅑ	챠	챠	Chya	챠					
ㅋ+ㅑ	캬	캬	Kya	캬					
ㅌ+ㅑ	탸	탸	Tya	탸					
ㅍ+ㅑ	퍄	퍄	Pya	퍄					
ㅎ+ㅑ	햐	햐	Hya	햐					

월   일

자음+모음(ㅕ) 읽기 [ဗျည်း+သရ (ㅕ) အဖတ်]

겨	녀	뎌	려	며
Gyeo	Nyeo	Dyeo	Ryeo	Myeo
벼	셔	여	져	쳐
Byeo	Syeo	Yeo	Jyeo	Chyeo
켜	텨	펴	혀	
Kya	Tyeo	Pyeo	Hyeo	

자음+모음(ㅕ) 쓰기 [ဗျည်း+သရ (ㅕ) အရေး]

겨	녀	뎌	려	며
Gyeo	Nyeo	Dyeo	Rya	Myeo
벼	셔	여	져	쳐
Byeo	Syeo	Yeo	Jyeo	Chyeo
켜	텨	펴	혀	
Kyeo	Tyeo	Pyeo	Hyeo	

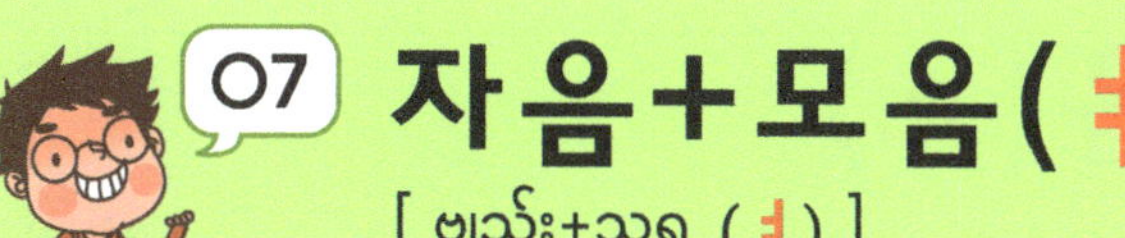

월　일

자음＋모음(ㅕ) 익히기 [ဗျည်း＋သရ (ㅕ) လေ့ကျင့်ခြင်း]

다음 자음＋모음(ㅕ)을 쓰는 순서에 맞게 따라 쓰세요.

(အောက်ပါ ဗျည်း＋သရ (ㅕ) ကို ရေးနည်းအစဉ်အတိုင်း မှန်ကန်စွာ လိုက်ရေးပါ။)

자음＋모음(ㅕ)	이름	쓰는 순서	영어 표기	쓰기				
ㄱ＋ㅕ	겨	겨	Gyeo	겨				
ㄴ＋ㅕ	녀	녀	Nyeo	녀				
ㄷ＋ㅕ	뎌	뎌	Dyeo	뎌				
ㄹ＋ㅕ	려	려	Ryeo	려				
ㅁ＋ㅕ	며	며	Myeo	며				
ㅂ＋ㅕ	벼	벼	Byeo	벼				
ㅅ＋ㅕ	셔	셔	Syeo	셔				
ㅇ＋ㅕ	여	여	Yeo	여				
ㅈ＋ㅕ	져	져	Jyeo	져				
ㅊ＋ㅕ	쳐	쳐	Chyeo	쳐				
ㅋ＋ㅕ	켜	켜	Kyeo	켜				
ㅌ＋ㅕ	텨	텨	Tyeo	텨				
ㅍ＋ㅕ	펴	펴	Pyeo	펴				
ㅎ＋ㅕ	혀	혀	Hyeo	혀				

08 자음+모음(ㅛ)
[ဗျည်း+သရ (ㅛ)]

자음+모음(ㅛ) 읽기 [ဗျည်း+သရ (ㅛ) အဖတ်]

교	뇨	됴	료	묘
Gyo	Nyo	Dyo	Ryo	Myo
뵤	쇼	요	죠	쵸
Byo	Syo	Yo	Jyo	Chyo
쿄	툐	표	효	
Kyo	Tyo	Pyo	Hyo	

자음+모음(ㅛ) 쓰기 [ဗျည်း+သရ (ㅛ) အရေး]

교	뇨	됴	료	묘
Gyo	Nyo	Dyo	Ryo	Myo
뵤	쇼	요	죠	쵸
Byo	Syo	Yo	Jyo	Chyo
쿄	툐	표	효	
Kyo	Tyo	Pyo	Hyo	

자음+모음(ㅛ)
[ဗျည်း+သရ (ㅛ)]

월   일

자음+모음(ㅛ) 익히기 [ဗျည်း+သရ (ㅛ) လေ့ကျင့်ခြင်း]

다음 자음+모음(ㅛ)을 쓰는 순서에 맞게 따라 쓰세요.
(အောက်ပါ ဗျည်း+သရ (ㅛ) ကို ရေးနည်းအစဉ်အတိုင်း မှန်ကန်စွာ လိုက်ရေးပါ။)

자음+모음(ㅛ)	이름	쓰는 순서	영어 표기	쓰기				
ㄱ+ㅛ	교	교	Gyo	교				
ㄴ+ㅛ	뇨	뇨	Nyo	뇨				
ㄷ+ㅛ	됴	됴	Dyo	됴				
ㄹ+ㅛ	료	료	Ryo	료				
ㅁ+ㅛ	묘	묘	Myo	묘				
ㅂ+ㅛ	뵤	뵤	Byo	뵤				
ㅅ+ㅛ	쇼	쇼	Syo	쇼				
ㅇ+ㅛ	요	요	Yo	요				
ㅈ+ㅛ	죠	죠	Jyo	죠				
ㅊ+ㅛ	쵸	쵸	Chyo	쵸				
ㅋ+ㅛ	쿄	쿄	Kyo	쿄				
ㅌ+ㅛ	툐	툐	Tyo	툐				
ㅍ+ㅛ	표	표	Pyo	표				
ㅎ+ㅛ	효	효	Hyo	효				

09 자음+모음(ㅠ)

[ဗျည်း+သရ (ㅠ)]

월 일

자음+모음(ㅠ) 읽기 [ဗျည်း+သရ (ㅠ) အဖတ်]

규	뉴	듀	류	뮤
Gyu	Nyu	Dyu	Ryu	Myu
뷰	슈	유	쥬	츄
Byu	Syu	Yu	Jyu	Chyu
큐	튜	퓨	휴	
Kyu	Tyu	Pyu	Hyu	

자음+모음(ㅠ) 쓰기 [ဗျည်း+သရ (ㅠ) အရေး]

규	뉴	듀	류	뮤
Gyu	Nyu	Dyu	Ryu	Myu
뷰	슈	유	쥬	츄
Byu	Syu	Yu	Jyu	Chyu
큐	튜	퓨	휴	
Kyu	Tyu	Pyu	Hyu	

09 자음+모음(ㅠ)
[ဗျည်း+သရ (ㅠ)]

자음+모음(ㅠ) 익히기 [ဗျည်း+သရ (ㅠ) လေ့ကျင့်ခြင်း]

다음 자음+모음(ㅠ)을 쓰는 순서에 맞게 따라 쓰세요.

(အောက်ပါ ဗျည်း+သရ (ㅠ) ကို ရေးနည်းအစဉ်အတိုင်း မှန်ကန်စွာ လိုက်ရေးပါ။)

자음+모음(ㅠ)	이름	쓰는 순서	영어 표기	쓰기				
ㄱ+ㅠ	규	규	Gyu	규				
ㄴ+ㅠ	뉴	뉴	Nyu	뉴				
ㄷ+ㅠ	듀	듀	Dyu	듀				
ㄹ+ㅠ	류	류	Ryu	류				
ㅁ+ㅠ	뮤	뮤	Myu	뮤				
ㅂ+ㅠ	뷰	뷰	Byu	뷰				
ㅅ+ㅠ	슈	슈	Syu	슈				
ㅇ+ㅠ	유	유	Yu	유				
ㅈ+ㅠ	쥬	쥬	Jyu	쥬				
ㅊ+ㅠ	츄	츄	Chyu	츄				
ㅋ+ㅠ	큐	큐	Kyu	큐				
ㅌ+ㅠ	튜	튜	Tyu	튜				
ㅍ+ㅠ	퓨	퓨	Pyu	퓨				
ㅎ+ㅠ	휴	휴	Hyu	휴				

자음+모음(ㅣ) 읽기 [ဗျည်း+သရ (ㅣ) အဖတ်]

기	니	디	리	미
Gi	Ni	Di	Ri	Mi
비	시	이	지	치
Bi	Si	I	Ji	Chi
키	티	피	히	
Ki	Ti	Pi	Hi	

자음+모음(ㅣ) 쓰기 [ဗျည်း+သရ (ㅣ) အရေး]

기	니	디	리	미
Gi	Ni	Di	Ri	Mi
비	시	이	지	치
Bi	Si	I	Ji	Chi
키	티	피	히	
Ki	Ti	Pi	Hi	

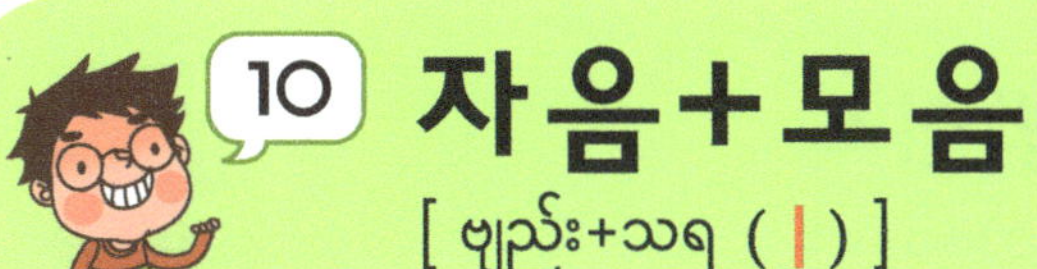

10 자음+모음(ㅣ)
[ဗျည်း+သရ (ㅣ)]

자음+모음(ㅣ) 익히기 [ဗျည်း+သရ (ㅣ) လေ့ကျင့်ခြင်း]

다음 자음+모음(ㅣ)을 쓰는 순서에 맞게 따라 쓰세요.

(အောက်ပါ ဗျည်း+သရ (ㅣ) ကို ရေးနည်းအစဉ်အတိုင်း မှန်ကန်စွာ လိုက်ရေးပါ။)

자음+모음(ㅣ)	이름	쓰는 순서	영어 표기	쓰기
ㄱ+ㅣ	기	기	Gi	기
ㄴ+ㅣ	니	니	Ni	니
ㄷ+ㅣ	디	디	Di	디
ㄹ+ㅣ	리	리	Ri	리
ㅁ+ㅣ	미	미	Mi	미
ㅂ+ㅣ	비	비	Bi	비
ㅅ+ㅣ	시	시	Si	시
ㅇ+ㅣ	이	이	I	이
ㅈ+ㅣ	지	지	Ji	지
ㅊ+ㅣ	치	치	Chi	치
ㅋ+ㅣ	키	키	Ki	키
ㅌ+ㅣ	티	티	Ti	티
ㅍ+ㅣ	피	피	Pi	피
ㅎ+ㅣ	히	히	Hi	히

한글 자음과 모음 받침표
[ကိုရီးယားစာ ဗျည်းနှင့် သရ အသတ်ဇယား]

월　일

※ 참고 : 받침 'ㄱ~ㅎ'(49p~62P)에서 학습할 내용

mp3 / 받침	가	나	다	라	마	바	사	아	자	차	카	타	파	하
ㄱ	각	낙	닥	락	막	박	삭	악	작	착	칵	탁	팍	학
ㄴ	간	난	단	란	만	반	산	안	잔	찬	칸	탄	판	한
ㄷ	갇	낟	닫	랃	맏	받	삳	앋	잗	찯	칻	탇	팓	핟
ㄹ	갈	날	달	랄	말	발	살	알	잘	찰	칼	탈	팔	할
ㅁ	감	남	담	람	맘	밤	삼	암	잠	참	캄	탐	팜	함
ㅂ	갑	납	답	랍	맙	밥	삽	압	잡	찹	캅	탑	팝	합
ㅅ	갓	낫	닷	랏	맛	밧	삿	앗	잣	찻	캇	탓	팟	핫
ㅇ	강	낭	당	랑	망	방	상	앙	장	창	캉	탕	팡	항
ㅈ	갖	낮	닺	랒	맞	밪	샂	앚	잦	찿	캊	탖	팢	핫
ㅊ	갗	낯	닻	랓	맞	밫	샃	앛	잧	찿	캋	탗	팣	핮
ㅋ	갘	낰	닼	랔	맠	밬	샄	앜	잨	챀	캌	탘	팤	핰
ㅌ	같	낱	닽	랕	맡	밭	샅	앝	잩	챁	캍	탙	팥	핱
ㅍ	갚	낲	닾	랖	맢	밮	샆	앞	잪	챂	캎	탚	팦	핲
ㅎ	갛	낳	닿	랗	맣	밯	샇	앟	잫	챃	캏	탛	팧	핳

မြန်မာဘာသာစကား အသုံးပြုသူများအတွက် အခြေခံ ကိုရီးယားစာ သင်ယူခြင်း

제5장

자음과
겹모음

국어국립원의 '우리말샘'에 등록되지 않은 글자. 또는 쓰임이 적은 글자를 아래와 같이 수록하니, 학습에 참고하시길 바랍니다.

페이지	'우리말샘'에 등록되지 않은 글자. 또는 쓰임이 적은 글자
42p	뎨(Dye) 볘(Bye) 졔(Jye) 쳬(Chye) 톄(Tye)
43p	돠(Dwa) 롸(Rwa) 뫄(Mwa) 톼(Twa) 퐈(Pwa)
44p	놰(Nwae) 뢔(Rwae) 뫠(Mwae) 쵀(Chwae) 퐤(Pwae)
46p	풔(Pwo)
48p	듸(Dui) 릐(Rui) 믜(Mui) 븨(Bui) 싀(Sui) 즤(Jui) 츼(Chui) 킈(Kui)
51p	랃(Rat) 앋(At) 찯(Chat) 칻(Kat) 탇(Tat) 팓(Pat)
57p	샃(Sat) 캋(Kat) 탗(Tat) 팣(Pat) 핫(Hat)
58p	랓(Rat) 맟(Mat) 밫(Bat) 샃(Sat) 앛(At) 잧(Jat) 찿(Chat) 캋(Chat) 탗(Tat) 팣(Pat) 핯(Hat)
59p	각(Gak) 낙(Nak) 닥(Dak) 락(Rak) 막(Mak) 박(Bak) 삭(Sak) 작(Jak) 착(Chak) 칵(Kak) 팍(Pak) 학(Hak)
60p	닫(Dat) 랃(Rat) 잩(Jat) 챁(Chat) 칻(Kat) 탇(Tat) 핱(Hat)
61p	닶(Dap) 맢(Map) 밮(Bap) 챂(Chap) 캎(Kap) 탒(Tap) 팦(Pap) 핲(Hap)
62p	밫(Bat) 샃(Sat) 앛(At) 잩(Jat) 챛(Chat) 캋(Kat) 탗(Tat) 팣(Pat) 핳(Hat)

자음+겹모음(ㅐ)

[ဗျည်း+နှစ်ထပ်သရ (ㅐ)]

월   일

자음+겹모음(ㅐ) [ဗျည်း+နှစ်ထပ်သရ (ㅐ)]

다음 자음+겹모음(ㅐ)을 쓰는 순서에 맞게 따라 쓰세요.

(အောက်ပါ ဗျည်း+နှစ်ထပ်သရ (ㅐ) ကို ရေးနည်းအစဉ်အတိုင်း မှန်ကန်စွာ လိုက်ရေးပါ။)

자음+겹모음(ㅐ)	영어 표기	쓰기					
ㄱ+ㅐ	Gae	개					
ㄴ+ㅐ	Nae	내					
ㄷ+ㅐ	Dae	대					
ㄹ+ㅐ	Rae	래					
ㅁ+ㅐ	Mae	매					
ㅂ+ㅐ	Bae	배					
ㅅ+ㅐ	Sae	새					
ㅇ+ㅐ	Ae	애					
ㅈ+ㅐ	Jae	재					
ㅊ+ㅐ	Chae	채					
ㅋ+ㅐ	Kae	캐					
ㅌ+ㅐ	Tae	태					
ㅍ+ㅐ	Pae	패					
ㅎ+ㅐ	Hae	해					

02 자음+겹모음(ㅔ)
[ဗျည်း+နှစ်ထပ်သရ (ㅔ)]

자음+겹모음(ㅔ) [ဗျည်း+နှစ်ထပ်သရ (ㅔ)]

다음 자음+겹모음(ㅔ)을 쓰는 순서에 맞게 따라 쓰세요.

(အောက်ပါ ဗျည်း+နှစ်ထပ်သရ (ㅔ) ကို ရေးနည်းအစဉ်အတိုင်း မှန်ကန်စွာ လိုက်ရေးပါ။)

자음+겹모음(ㅔ)	영어 표기	쓰기					
ㄱ+ㅔ	Ge	게					
ㄴ+ㅔ	Ne	네					
ㄷ+ㅔ	De	데					
ㄹ+ㅔ	Re	레					
ㅁ+ㅔ	Me	메					
ㅂ+ㅔ	Be	베					
ㅅ+ㅔ	Se	세					
ㅇ+ㅔ	E	에					
ㅈ+ㅔ	Je	제					
ㅊ+ㅔ	Che	체					
ㅋ+ㅔ	Ke	케					
ㅌ+ㅔ	Te	테					
ㅍ+ㅔ	Pe	페					
ㅎ+ㅔ	He	헤					

월   일

자음+겹모음(ㅖ) [ဗျည်း+နှစ်ထပ်သရ (ㅖ)]

다음 자음+겹모음(ㅖ)을 쓰는 순서에 맞게 따라 쓰세요.

(အောက်ပါ ဗျည်း+နှစ်ထပ်သရ (ㅖ) ကို ရေးနည်းအစဉ်အတိုင်း မှန်ကန်စွာ လိုက်ရေးပါ။)

자음+겹모음(ㅖ)	영어 표기	쓰기					
ㄱ+ㅖ	Gye	계					
ㄴ+ㅖ	Nye	녜					
ㄷ+ㅖ	Dye	뎨					
ㄹ+ㅖ	Rye	례					
ㅁ+ㅖ	Mye	몌					
ㅂ+ㅖ	Bye	볘					
ㅅ+ㅖ	Sye	셰					
ㅇ+ㅖ	Ye	예					
ㅈ+ㅖ	Jye	졔					
ㅊ+ㅖ	Chye	쳬					
ㅋ+ㅖ	Kye	켸					
ㅌ+ㅖ	Tye	톄					
ㅍ+ㅖ	Pye	폐					
ㅎ+ㅖ	Hye	혜					

 O4 자음＋겹모음(ㅘ)

[ဗျည်း+နှစ်ထပ်သရ (ㅘ)]

자음＋겹모음(ㅘ) [ဗျည်း+နှစ်ထပ်သရ (ㅘ)]

다음 자음＋겹모음(ㅘ)을 쓰는 순서에 맞게 따라 쓰세요.

(အောက်ပါ ဗျည်း+နှစ်ထပ်သရ (ㅘ) ကို ရေးနည်းအစဉ်အတိုင်း မှန်ကန်စွာ လိုက်ရေးပါ။)

자음＋겹모음(ㅘ)	영어 표기	쓰기					
ㄱ＋ㅘ	Gwa	과					
ㄴ＋ㅘ	Nwa	놔					
ㄷ＋ㅘ	Dwa	돠					
ㄹ＋ㅘ	Rwa	롸					
ㅁ＋ㅘ	Mwa	뫄					
ㅂ＋ㅘ	Bwa	봐					
ㅅ＋ㅘ	Swa	솨					
ㅇ＋ㅘ	Wa	와					
ㅈ＋ㅘ	Jwa	좌					
ㅊ＋ㅘ	Chwa	촤					
ㅋ＋ㅘ	Kwa	콰					
ㅌ＋ㅘ	Twa	톼					
ㅍ＋ㅘ	Pwa	퐈					
ㅎ＋ㅘ	Hwa	화					

05 자음+겹모음(ㅙ)
[ဗျည်း+နှစ်ထပ်သရ (ㅙ)]

월   일

자음+겹모음(ㅙ) [ဗျည်း+နှစ်ထပ်သရ (ㅙ)]

다음 자음+겹모음(ㅙ)을 쓰는 순서에 맞게 따라 쓰세요.

(အောက်ပါ ဗျည်း+နှစ်ထပ်သရ (ㅙ) ကို ရေးနည်းအစဉ်အတိုင်း မှန်ကန်စွာ လိုက်ရေးပါ။)

자음+겹모음(ㅙ)	영어 표기	쓰기					
ㄱ+ㅙ	Gwae	괘					
ㄴ+ㅙ	Nwae	놰					
ㄷ+ㅙ	Dwae	돼					
ㄹ+ㅙ	Rwae	뢔					
ㅁ+ㅙ	Mwae	뫠					
ㅂ+ㅙ	Bwae	봬					
ㅅ+ㅙ	Swae	쇄					
ㅇ+ㅙ	Wae	왜					
ㅈ+ㅙ	Jwae	좨					
ㅊ+ㅙ	Chwae	쵀					
ㅋ+ㅙ	Kwae	쾌					
ㅌ+ㅙ	Twae	퇘					
ㅍ+ㅙ	Pwae	퐤					
ㅎ+ㅙ	Hwae	홰					

06 자음+겹모음(ㅚ)
[ဗျည်း+နှစ်ထပ်သရ (ㅚ)]

자음+겹모음(ㅚ) [ဗျည်း+နှစ်ထပ်သရ (ㅚ)]

다음 자음+겹모음(ㅚ)을 쓰는 순서에 맞게 따라 쓰세요.

(အောက်ပါ ဗျည်း+နှစ်ထပ်သရ (ㅚ) ကို ရေးနည်းအစဉ်အတိုင်း မှန်ကန်စွာ လိုက်ရေးပါ။)

자음+겹모음(ㅚ)	영어 표기	쓰기					
ㄱ+ㅚ	Goe	괴					
ㄴ+ㅚ	Noe	뇌					
ㄷ+ㅚ	Doe	되					
ㄹ+ㅚ	Roe	뢰					
ㅁ+ㅚ	Moe	뫼					
ㅂ+ㅚ	Boe	뵈					
ㅅ+ㅚ	Soe	쇠					
ㅇ+ㅚ	Oe	외					
ㅈ+ㅚ	Joe	죄					
ㅊ+ㅚ	Choe	최					
ㅋ+ㅚ	Koe	쾨					
ㅌ+ㅚ	Toe	퇴					
ㅍ+ㅚ	Poe	푀					
ㅎ+ㅚ	Hoe	회					

07 자음＋겹모음(ㅝ)

[ဗျည်း+နှစ်ထပ်သရ (ㅝ)]

자음＋겹모음(ㅝ) [ဗျည်း+နှစ်ထပ်သရ (ㅝ)]

다음 자음＋겹모음(ㅝ)을 쓰는 순서에 맞게 따라 쓰세요.

(အောက်ပါ ဗျည်း+နှစ်ထပ်သရ (ㅝ) ကို ရေးနည်းအစဉ်အတိုင်း မှန်ကန်စွာ လိုက်ရေးပါ။)

자음＋겹모음(ㅝ)	영어 표기	쓰기					
ㄱ＋ㅝ	Gwo	궈					
ㄴ＋ㅝ	Nwo	눠					
ㄷ＋ㅝ	Dwo	둬					
ㄹ＋ㅝ	Rwo	뤄					
ㅁ＋ㅝ	Mwo	뭐					
ㅂ＋ㅝ	Bwo	붜					
ㅅ＋ㅝ	Swo	숴					
ㅇ＋ㅝ	Wo	워					
ㅈ＋ㅝ	Jwo	줘					
ㅊ＋ㅝ	Chwo	춰					
ㅋ＋ㅝ	Kwo	쿼					
ㅌ＋ㅝ	Two	퉈					
ㅍ＋ㅝ	Pwo	풔					
ㅎ＋ㅝ	Hwo	훠					

08 자음+겹모음(ㅟ)

[ဗျည်း+နှစ်ထပ်သရ (ㅟ)]

월   일

자음+겹모음(ㅟ) [ဗျည်း+နှစ်ထပ်သရ (ㅟ)]

다음 자음+겹모음(ㅟ)을 쓰는 순서에 맞게 따라 쓰세요.

(အောက်ပါ ဗျည်း+နှစ်ထပ်သရ (ㅟ) ကို ရေးနည်းအစဉ်အတိုင်း မှန်ကန်စွာ လိုက်ရေးပါ။)

자음+겹모음(ㅟ)	영어 표기	쓰기					
ㄱ+ㅟ	Gwi	귀					
ㄴ+ㅟ	Nwi	뉘					
ㄷ+ㅟ	Dwi	뒤					
ㄹ+ㅟ	Rwi	뤼					
ㅁ+ㅟ	Mwi	뮈					
ㅂ+ㅟ	Bwi	뷔					
ㅅ+ㅟ	Swi	쉬					
ㅇ+ㅟ	Wi	위					
ㅈ+ㅟ	Jwi	쥐					
ㅊ+ㅟ	Chwi	취					
ㅋ+ㅟ	Kwi	퀴					
ㅌ+ㅟ	Twi	튀					
ㅍ+ㅟ	Pwi	퓌					
ㅎ+ㅟ	Hwi	휘					

09 자음+겹모음(ㅟ)
[ဗျည်း+နှစ်ထပ်သရ (ㅟ)]

월   일

자음+겹모음(ㅟ) [ဗျည်း+နှစ်ထပ်သရ (ㅟ)]

다음 자음+겹모음(ㅟ)을 쓰는 순서에 맞게 따라 쓰세요.

(အောက်ပါ ဗျည်း+နှစ်ထပ်သရ (ㅟ) ကို ရေးနည်းအစဉ်အတိုင်း မှန်ကန်စွာ လိုက်ရေးပါ။)

자음+겹모음(ㅟ)	영어 표기	쓰기				
ㄱ+ㅟ	Gwi	귀				
ㄴ+ㅟ	Nwi	뉘				
ㄷ+ㅟ	Dwi	뒤				
ㄹ+ㅟ	Rwi	뤼				
ㅁ+ㅟ	Mwi	뮈				
ㅂ+ㅟ	Bwi	뷔				
ㅅ+ㅟ	Swi	쉬				
ㅇ+ㅟ	Wi	위				
ㅈ+ㅟ	Jwi	쥐				
ㅊ+ㅟ	Chwi	취				
ㅋ+ㅟ	Kwi	퀴				
ㅌ+ㅟ	Twi	튀				
ㅍ+ㅟ	Pwi	퓌				
ㅎ+ㅟ	Hwi	휘				

10 받침 ㄱ(기역)이 있는 글자

[아싿ㄱ(ㄱီ္်ယ္ုဲ) ပါသည့် စာလုံး]

받침 ㄱ(기역) [아싿 ㄱ(ㄱီ္ယ္ုဲ)]

다음 받침 ㄱ(기역)이 들어간 글자를 쓰는 순서에 맞게 따라 쓰세요.

(အောက်ပါ အသတ် ㄱ(ဂီယော့) ပါသည့် စာလုံးကို ရေးနည်းအစဉ်အတိုင်း မှန်ကန်စွာ လိုက်ရေးပါ။)

받침 ㄱ(기역)	영어 표기	쓰기					
가+ㄱ	Gak	각					
나+ㄱ	Nak	낙					
다+ㄱ	Dak	닥					
라+ㄱ	Rak	락					
마+ㄱ	Mak	막					
바+ㄱ	Bak	박					
사+ㄱ	Sak	삭					
아+ㄱ	Ak	악					
자+ㄱ	Jak	작					
차+ㄱ	Chak	착					
카+ㄱ	Kak	칵					
타+ㄱ	Tak	탁					
파+ㄱ	Pak	팍					
하+ㄱ	Hak	학					

받침 ㄴ(니은)이 있는 글자

[အသတ် ㄴ(နီအွန်း) ပါသည့် စာလုံး]

월   일

받침 ㄴ(니은) [အသတ် ㄴ(နီအွန်း)]

다음 받침 ㄴ(니은)이 들어간 글자를 쓰는 순서에 맞게 따라 쓰세요.

(အောက်ပါ အသတ် ㄴ(နီအွန်း) ပါသည့် စာလုံးကို ရေးနည်းအစဉ်အတိုင်း မှန်ကန်စွာ လိုက်ရေးပါ။)

받침 ㄴ(니은)	영어 표기	쓰기					
가+ㄴ	Gan	간					
나+ㄴ	Nan	난					
다+ㄴ	Dan	단					
라+ㄴ	Ran	란					
마+ㄴ	Man	만					
바+ㄴ	Ban	반					
사+ㄴ	San	산					
아+ㄴ	An	안					
자+ㄴ	Jan	잔					
차+ㄴ	Chan	찬					
카+ㄴ	Kan	칸					
타+ㄴ	Tan	탄					
파+ㄴ	Pan	판					
하+ㄴ	Han	한					

받침 ㄷ(디귿)이 있는 글자
[아သတ် ㄷ(ဒီဂွတ်) ပါသည့် စာလုံး]

월   일

⋮ 받침 ㄷ(디귿) [အသတ် ㄷ(ဒီဂွတ်)]

다음 받침 ㄷ(디귿)이 들어간 글자를 쓰는 순서에 맞게 따라 쓰세요.
(အောက်ပါ အသတ် ㄷ(ဒီဂွတ်) ပါသည့် စာလုံးကို ရေးနည်းအစဉ်အတိုင်း မှန်ကန်စွာ လိုက်ရေးပါ။)

받침 ㄷ(디귿)	영어 표기	쓰기				
가+ㄷ	Gat	갇				
나+ㄷ	Nat	낟				
다+ㄷ	Dat	닫				
라+ㄷ	Rat	랃				
마+ㄷ	Mat	맏				
바+ㄷ	Bat	받				
사+ㄷ	Sat	삳				
아+ㄷ	At	앋				
자+ㄷ	Jat	잗				
차+ㄷ	Chat	챋				
카+ㄷ	Kat	칻				
타+ㄷ	Tat	탇				
파+ㄷ	Pat	팓				
하+ㄷ	Hat	핟				

13 받침 ㄹ(리을)이 있는 글자

[အသတ် ㄹ (ရိအုံးလ်) ပါသည့် စာလုံး]

월   일

받침 ㄹ(리을) [အသတ် ㄹ (ရိအုံးလ်)]

다음 받침 ㄹ(리을)이 들어간 글자를 쓰는 순서에 맞게 따라 쓰세요.

(အောက်ပါ အသတ် ㄹ (ရိအုံးလ်) ပါသည့် စာလုံးကို ရေးနည်းအစဉ်အတိုင်း မှန်ကန်စွာ လိုက်ရေးပါ။)

받침 ㄹ(리을)	영어 표기	쓰기				
가+ㄹ	Gal	갈				
나+ㄹ	Nal	날				
다+ㄹ	Dal	달				
라+ㄹ	Ral	랄				
마+ㄹ	Mal	말				
바+ㄹ	Bal	발				
사+ㄹ	Sal	살				
아+ㄹ	Al	알				
자+ㄹ	Jal	잘				
차+ㄹ	Chal	찰				
카+ㄹ	Kal	칼				
타+ㄹ	Tal	탈				
파+ㄹ	Pal	팔				
하+ㄹ	Hal	할				

14 받침 ㅁ(미음)이 있는 글자
[အသတ် ㅁ(မီအွန်းမ်) ပါသည့် စာလုံး]

월 일

받침 ㅁ(미음) [အသတ် ㅁ(မီအွန်းမ်)]

다음 받침 ㅁ(미음)이 들어간 글자를 쓰는 순서에 맞게 따라 쓰세요.

(အောက်ပါ အသတ် ㅁ(မီအွန်းမ်) ပါသည့် စာလုံးကို ရေးနည်းအစဉ်အတိုင်း မှန်ကန်စွာ လိုက်ရေးပါ။)

받침 ㅁ(미음)	영어 표기	쓰기					
가+ㅁ	Gam	감					
나+ㅁ	Nam	남					
다+ㅁ	Dam	담					
라+ㅁ	Ram	람					
마+ㅁ	Mam	맘					
바+ㅁ	Bam	밤					
사+ㅁ	Sam	삼					
아+ㅁ	Am	암					
자+ㅁ	Jam	잠					
차+ㅁ	Cham	참					
카+ㅁ	Kam	캄					
타+ㅁ	Tam	탐					
파+ㅁ	Pam	팜					
하+ㅁ	Ham	함					

받침 ㅂ(비읍)이 있는 글자

[အသတ် ㅂ (ဘီအွပ်) ပါသည့် စာလုံး]

월   일

받침 ㅂ(비읍) [အသတ် ㅂ(ဘီအွပ်)]

다음 받침 ㅂ(비읍)이 들어간 글자를 쓰는 순서에 맞게 따라 쓰세요.

(အောက်ပါ အသတ် ㅂ(ဘီအွပ်) ပါသည့် စာလုံးကို ရေးနည်းအစဉ်အတိုင်း မှန်ကန်စွာ လိုက်ရေးပါ။)

받침 ㅂ(비읍)	영어 표기	쓰기				
가+ㅂ	Gap	갑				
나+ㅂ	Nap	납				
다+ㅂ	Dap	답				
라+ㅂ	Rap	랍				
마+ㅂ	Map	맙				
바+ㅂ	Bap	밥				
사+ㅂ	Sap	삽				
아+ㅂ	Ap	압				
자+ㅂ	Jap	잡				
차+ㅂ	Chap	찹				
카+ㅂ	Kap	캅				
타+ㅂ	Tap	탑				
파+ㅂ	Pap	팝				
하+ㅂ	Hap	합				

받침 ㅅ(시옷)이 있는 글자
[အသတ် ㅅ(ရှိအုံ့သ်) ပါသည့် စာလုံး]

월   일

받침 ㅅ(시옷) [အသတ် ㅅ(ရှိအုံ့သ်)]

다음 받침 ㅅ(시옷)이 들어간 글자를 쓰는 순서에 맞게 따라 쓰세요.

(အောက်ပါ အသတ် ㅅ(ရှိအုံ့သ်) ပါသည့် စာလုံးကို ရေးနည်းအစဉ်အတိုင်း မှန်ကန်စွာ လိုက်ရေးပါ။)

받침 ㅅ(시옷)	영어 표기	쓰기					
가+ㅅ	Gat	갓					
나+ㅅ	Nat	낫					
다+ㅅ	Dat	닷					
라+ㅅ	Rat	랏					
마+ㅅ	Mat	맛					
바+ㅅ	Bat	밧					
사+ㅅ	Sat	삿					
아+ㅅ	At	앗					
자+ㅅ	Jat	잣					
차+ㅅ	Chat	찻					
카+ㅅ	Kat	캇					
타+ㅅ	Tat	탓					
파+ㅅ	Pat	팟					
하+ㅅ	Hat	핫					

받침 ㅇ(이응)이 있는 글자

[အသတ် ㅇ (အီအွန်း) ပါသည့် စာလုံး]

월   일

받침 ㅇ(이응) [အသတ် ㅇ (အီအွန်း)]

다음 받침 ㅇ(이응)이 들어간 글자를 쓰는 순서에 맞게 따라 쓰세요.

(အောက်ပါ အသတ် ㅇ(အီအွန်း) ပါသည့် စာလုံးကို ရေးနည်းအစဉ်အတိုင်း မှန်ကန်စွာ လိုက်ရေးပါ။)

받침 ㅇ(이응)	영어 표기	쓰기					
가+ㅇ	Gang	강					
나+ㅇ	Nang	낭					
다+ㅇ	Dang	당					
라+ㅇ	Rang	랑					
마+ㅇ	Mang	망					
바+ㅇ	Bang	방					
사+ㅇ	Sang	상					
아+ㅇ	Ang	앙					
자+ㅇ	Jang	장					
차+ㅇ	Chang	창					
카+ㅇ	Kang	캉					
타+ㅇ	Tang	탕					
파+ㅇ	Pang	팡					
하+ㅇ	Hang	항					

받침 ㅊ(지읏)이 있는 글자

[아သတ် ㅊ (ဂျီအွတ်) ပါသည့် စာလုံး]

월   일

받침 ㅊ(지읏) [အသတ် ㅊ (ဂျီအွတ်)]

다음 받침 ㅊ(지읏)이 들어간 글자를 쓰는 순서에 맞게 따라 쓰세요.

(အောက်ပါ အသတ် ㅊ (ဂျီအွတ်) ပါသည့် စာလုံးကို ရေးနည်းအစဉ်အတိုင်း မှန်ကန်စွာ လိုက်ရေးပါ။)

받침 ㅊ(지읏)	영어 표기	쓰기				
가+ㅊ	Gat	갖				
나+ㅊ	Nat	낮				
다+ㅊ	Dat	닺				
라+ㅊ	Rat	랒				
마+ㅊ	Mat	맞				
바+ㅊ	Bat	밪				
사+ㅊ	Sat	샂				
아+ㅊ	At	앚				
자+ㅊ	Jat	잦				
차+ㅊ	Chat	찾				
카+ㅊ	Kat	캊				
타+ㅊ	Tat	탖				
파+ㅊ	Pat	팢				
하+ㅊ	Hat	핫				

받침 ㅊ(치읓)이 있는 글자

[အသတ် ㅊ (ချီအွတ်) ပါသည့် စာလုံး]

월   일

받침 ㅊ(치읓) [အသတ် ㅊ (ချီအွတ်)]

다음 받침 ㅊ(치읓)이 들어간 글자를 쓰는 순서에 맞게 따라 쓰세요.

(အောက်ပါ အသတ် ㅊ (ချီအွတ်) ပါသည့် စာလုံးကို ရေးနည်းအစဉ်အတိုင်း မှန်ကန်စွာ လိုက်ရေးပါ။)

받침 ㅊ(치읓)	영어 표기	쓰기					
가+ㅊ	Gat	갖					
나+ㅊ	Nat	낯					
다+ㅊ	Dat	닻					
라+ㅊ	Rat	랓					
마+ㅊ	Mat	맞					
바+ㅊ	Bat	밫					
사+ㅊ	Sat	샃					
아+ㅊ	At	앛					
자+ㅊ	Jat	잦					
차+ㅊ	Chat	찿					
카+ㅊ	Kat	캋					
타+ㅊ	Tat	탗					
파+ㅊ	Pat	팣					
하+ㅊ	Hat	핯					

20 받침 ㅋ(키읔)이 있는 글자

[အသတ် ㅋ(ခီအွတ်) ပါသည့် စာလုံး]

받침 ㅋ(키읔) [အသတ် ㅋ(ခီအွတ်)]

다음 받침 ㅋ(키읔)이 들어간 글자를 쓰는 순서에 맞게 따라 쓰세요.

(အောက်ပါ အသတ် ㅋ(ခီအွတ်) ပါသည့် စာလုံးကို ရေးနည်းအစဉ်အတိုင်း မှန်ကန်စွာ လိုက်ရေးပါ။)

받침 ㅋ(키읔)	영어 표기	쓰기					
가+ㅋ	Gak	각					
나+ㅋ	Nak	낙					
다+ㅋ	Dak	닥					
라+ㅋ	Rak	락					
마+ㅋ	Mak	막					
바+ㅋ	Bak	박					
사+ㅋ	Sak	삭					
아+ㅋ	Ak	악					
자+ㅋ	Jak	작					
차+ㅋ	Chak	착					
카+ㅋ	Kak	칵					
타+ㅋ	Tak	탁					
파+ㅋ	Pak	팍					
하+ㅋ	Hak	학					

받침 ㅌ(티읕) [အသတ် ㅌ(ထီအွတ်)]

다음 받침 ㅌ(티읕)이 들어간 글자를 쓰는 순서에 맞게 따라 쓰세요.

(အောက်ပါ အသတ် ㅌ(ထီအွတ်) ပါသည့် စာလုံးကို ရေးနည်းအစဉ်အတိုင်း မှန်ကန်စွာ လိုက်ရေးပါ။)

받침 ㅌ(티읕)	영어 표기	쓰기					
가+ㅌ	Gat	같					
나+ㅌ	Nat	낱					
다+ㅌ	Dat	닽					
라+ㅌ	Rat	랕					
마+ㅌ	Mat	맡					
바+ㅌ	Bat	밭					
사+ㅌ	Sat	샅					
아+ㅌ	At	앝					
자+ㅌ	Jat	잩					
차+ㅌ	Chat	찰					
카+ㅌ	Kat	캍					
타+ㅌ	Tat	탙					
파+ㅌ	Pat	팥					
하+ㅌ	Hat	핱					

22 받침 ㅍ(피읖)이 있는 글자

[အသတ် ㅍ(ဖီအွပ်) ပါသည့် စာလုံး]

받침 ㅍ(피읖) [အသတ် ㅍ(ဖီအွပ်)]

다음 받침 ㅍ(피읖)이 들어간 글자를 쓰는 순서에 맞게 따라 쓰세요.

(အောက်ပါ အသတ် ㅍ(ဖီအွပ်) ပါသည့် စာလုံးကို ရေးနည်းအစဉ်အတိုင်း မှန်ကန်စွာ လိုက်ရေးပါ။)

받침 ㅍ(피읖)	영어 표기	쓰기					
가+ㅍ	Gap	갚					
나+ㅍ	Nap	낲					
다+ㅍ	Dap	닾					
라+ㅍ	Rap	랖					
마+ㅍ	Map	맢					
바+ㅍ	Bap	밮					
사+ㅍ	Sap	샆					
아+ㅍ	Ap	앞					
자+ㅍ	Jap	잪					
차+ㅍ	Chap	챂					
카+ㅍ	Kap	캎					
타+ㅍ	Tap	탚					
파+ㅍ	Pap	팦					
하+ㅍ	Hap	핲					

받침 ㅎ(히읗)이 있는 글자

[အသတ် ㅎ(ဟီအွတ်) ပါသည့် စာလုံး]

월   일

받침 ㅎ(히읗) [အသတ် ㅎ(ဟီအွတ်)]

다음 받침 ㅎ(히읗)이 들어간 글자를 쓰는 순서에 맞게 따라 쓰세요.

(အောက်ပါ အသတ် ㅎ(ဟီအွတ်) ပါသည့် စာလုံးကို ရေးနည်းအစဉ်အတိုင်း မှန်ကန်စွာ လိုက်ရေးပါ။)

받침 ㅎ(히읗)	영어 표기	쓰기					
가+ㅎ	Gat	갛					
나+ㅎ	Nat	낳					
다+ㅎ	Dat	닿					
라+ㅎ	Rat	랗					
마+ㅎ	Mat	맣					
바+ㅎ	Bat	밯					
사+ㅎ	Sat	삵					
아+ㅎ	At	앟					
자+ㅎ	Jat	잫					
차+ㅎ	Chat	챃					
카+ㅎ	Kat	캏					
타+ㅎ	Tat	탛					
파+ㅎ	Pat	팧					
하+ㅎ	Hat	핳					

제6장

주제별 낱말

아ခန်း 6
ခေါင်းစဉ်အလိုက် ဝေါဟာရများ

과일 [သစ်သီး]

월　일

■ 다음을 쓰는 순서에 맞게 따라 쓰세요.
（အောက်ပါတို့ကို ရေးနည်းအစဉ်အတိုင်း မှန်ကန်စွာ လိုက်ရေးပါ။）

사과 ပန်းသီး

사 과

배 သစ်တော်သီး

배

바나나 ငှက်ပျောသီး

바 나 나

딸기 စတော်�’ဘယ်ရီသီး

딸 기

토마토 ခရမ်းချဉ်သီး

토 마 토

과일 [သစ်သီး]

월   일

■ 다음을 쓰는 순서에 맞게 따라 쓰세요.
(အောက်ပါတို့ကို ရေးနည်းအစဉ်အတိုင်း မှန်ကန်စွာ လိုက်ရေးပါ။)

수	박					
복	숭	아				
오	렌	지				
귤						
키	위					

수박 ဖရဲသီး

복숭아 မက်မွန်သီး

오렌지 လိမ္မော်သီး

귤 ပျားလိမ္မော်

키위 ကီဝီသီး

과일 [သစ်သီး]

■ 다음을 쓰는 순서에 맞게 따라 쓰세요.
 (အောက်ပါတို့ကို ရေးနည်းအစဉ်အတိုင်း မှန်ကန်စွာ လိုက်ရေးပါ။)

참	외				
파	인	애	플		
레	몬				
감					
포	도				

참외 ပဲခူးသခွားသီး

파인애플 နာနတ်သီး

레몬 သံပုရိုသီး

감 တည်သီး

포도 စပျစ်သီး

동물 [တိရစ္ဆာန်]

■ 다음을 쓰는 순서에 맞게 따라 쓰세요.
(အောက်ပါတို့ကို ရေးနည်းအစဉ်အတိုင်း မှန်ကန်စွာ လိုက်ရေးပါ။)

타조 ငှက်ကုလားအုပ်

타	조				

호랑이 ကျား

호	랑	이			

사슴 သမင်

사	슴				

고양이 ကြောင်

고	양	이			

여우 မြေခွေး

여	우				

동물 [တိရိစ္ဆာန်]

월   일

■ 다음을 쓰는 순서에 맞게 따라 쓰세요.
  (အောက်ပါတို့ကို ရေးနည်းအစဉ်အတိုင်း မှန်ကန်စွာ လိုက်ရေးပါ။)

사자 ခြင်္သေ့

사 자

코끼리 ဆင်

코 끼 리

돼지 ဝက်

돼 지

강아지 ခွေးပေါက်

강 아 지

토끼 ယုန်

토 끼

동물 [တိရိစ္ဆာန်]

월   일

■ 다음을 쓰는 순서에 맞게 따라 쓰세요.
(အောက်ပါတို့ကို ရေးနည်းအစဉ်အတိုင်း မှန်ကန်စွာ လိုက်ရေးပါ။)

기	린					
곰						
원	숭	이				
너	구	리				
거	북	이				

기린 သစ်ကုလားအုပ်

곰 ဝက်ဝံ

원숭이 မျောက်

너구리 ရက္ကွန်းဝံ

거북이 လိပ်

채 소 [ဟင်းသီးဟင်းရွက်]

■ 다음을 쓰는 순서에 맞게 따라 쓰세요.
（အောက်ပါတို့ကို ရေးနည်းအစဉ်အတိုင်း မှန်ကန်စွာ လိုက်ရေးပါ။）

배추 မုန်ညင်းထုပ်

당근 မုန်လာဥနီ

마늘 ကြက်သွန်ဖြူ။

시금치 ဟင်းနုနွယ်

미나리 မီနာရီ

배추					
당근					
마늘					
시금치					
미나리					

채소 [ဟင်းသီးဟင်းရွက်]

■ 다음을 쓰는 순서에 맞게 따라 쓰세요.
(အောက်ပါတို့ကို ရေးနည်းအစဉ်အတိုင်း မှန်ကန်စွာ လိုက်ရေးပါ။)

무 무န်လာဥ

무						

상추 ဆလပ်ရွက်

상	추					

양파 ကြက်သွန်နီ

양	파					

부추 ကျူူဆိုင်(လူစားမြက်)

부	추					

감자 အာလူး

감	자					

03 채소 [ဟင်းသီးဟင်းရွက်]

■ 다음을 쓰는 순서에 맞게 따라 쓰세요.
(အောက်ပါတို့ကို ရေးနည်းအစဉ်အတိုင်း မှန်ကန်စွာ လိုက်ရေးပါ။)

오 이				
파				
가 지				
고 추				
양 배 추				

오이 သခွားသီး

파 ကြက်သွန်မြိတ်

가지 ခရမ်းသီး

고추 ငရုတ်သီး

양배추 ဂေါ်ဖီထုပ်

직업 [အလုပ်အကိုင်]

월   일

■ 다음을 쓰는 순서에 맞게 따라 쓰세요.
  (အောက်ပါတို့ကို ရေးနည်းအစဉ်အတိုင်း မှန်ကန်စွာ လိုက်ရေးပါ။)

경	찰	관					
소	방	관					
요	리	사					
환	경	미	화	원			
화	가						

경찰관 ရဲအရာရှိ

소방관 မီးသတ်သမား

요리사 စားဖိုမှူး

환경미화원 သန့်ရှင်းရေး

화가 ပန်းချီဆရာ

직업 [အလုပ်အကိုင်]

월   일

■ 다음을 쓰는 순서에 맞게 따라 쓰세요.
(အောက်ပါတို့ကို ရေးနည်းအစဉ်အတိုင်း မှန်ကန်စွာ လိုက်ရေးပါ။)

간	호	사					
회	사	원					
미	용	사					
가	수						
소	설	가					

간호사 သူနာပြု

회사원 ကုမ္ပဏီပန်ယမ်း

미용사 ဆံသသမား

가수 အဆိုတော်

소설가 စာရေးဆရာ

직업 [အလုပ်အကိုင်]

■ 다음을 쓰는 순서에 맞게 따라 쓰세요.
(အောက်ပါတို့ကို ရေးနည်းအစဉ်အတိုင်း မှန်ကန်စွာ လိုက်ရေးပါ။)

의사 ဆရာဝန်

의	사				

선생님 ဆရာမ

선	생	님			

주부 အိမ်ရှင်မ

주	부				

운동선수 အားကစားသမား

운	동	선	수		

우편집배원 စာပို့သမား

우	편	집	배	원	

음식 [အစားအသောက်]

월   일

■ 다음을 쓰는 순서에 맞게 따라 쓰세요.
(အောက်ပါတို့ကို ရေးနည်းအစဉ်အတိုင်း မှန်ကန်စွာ လိုက်ရေးပါ။)

김	치	찌	개			

김치찌개 ဂင်ချီဟင်းရည်

미	역	국				

미역국 ရေညှိဟင်းချို

김	치	볶	음	밥		

김치볶음밥 ဂင်ချီထမင်းကြော်

돈	가	스				

돈가스 ဝက်သားပြားကြော်

국	수					

국수 ကြာဇံပြုတ်

음식 [အစားအသောက်]

월   일

■ 다음을 쓰는 순서에 맞게 따라 쓰세요.
(အောက်ပါတို့ကို ရေးနည်းအစဉ်အတိုင်း မှန်ကန်စွာ လိုက်ရေးပါ။)

된장찌개 ပဲငပိဟင်းရည်

된	장	찌	개				

불고기 အမဲသားအချို့ချက်

불	고	기					

김밥 ရေညှိထမင်းလိပ်

김	밥						

라면 ခေါက်ဆွဲပြုတ်

라	면						

떡 ဆန်မုန့်

떡							

■ 다음을 쓰는 순서에 맞게 따라 쓰세요.
(အောက်ပါတို့ကို ရေးနည်းအစဉ်အတိုင်း မှန်ကန်စွာ လိုက်ရေးပါ။)

순	두	부	찌	개		
비	빔	밥				
만	두					
피	자					
케	이	크				

순두부찌개 ပဲပြားဟင်းရည်

비빔밥 ထမင်းသုပ်

만두 ဖက်ထုပ်

피자 ပီဇာ

케이크 ကိတ်မုန့်

위 치 [တည်နေရာ]

월 일

■ 다음을 쓰는 순서에 맞게 따라 쓰세요.
  (အောက်ပါတို့ကို ရေးနည်းအစဉ်အတိုင်း မှန်ကန်စွာ လိုက်ရေးပါ။)

앞 အရှေ့

뒤 အနောက်

위 အပေါ်

아래 အောက်

오른쪽 ညာဘက်

앞					
뒤					
위					
아 래					
오 른 쪽				

위치 [တည်နေရာ]

■ 다음을 쓰는 순서에 맞게 따라 쓰세요.
(အောက်ပါတို့ကို ရေးနည်းအစဉ်အတိုင်း မှန်ကန်စွာ လိုက်ရေးပါ။)

왼	쪽					
옆						
안						
밖						
밑						

왼쪽 ဘယ်ဘက်

옆 ဘေး

안 အတွင်း

밖 အပြင်

밑 အောက်

위 치 [တည်နေရာ]

■ 다음을 쓰는 순서에 맞게 따라 쓰세요.
(အောက်ပါတို့ကို ရေးနည်းအစဉ်အတိုင်း မှန်ကန်စွာ လိုက်ရေးပါ။)

사이 ကြား

사 이

동쪽 အရှေ့အရပ်

동 쪽

서쪽 အနောက်အရပ်

서 쪽

남쪽 တောင်အရပ်

남 쪽

북쪽 မြောက်အရပ်

북 쪽

탈 것 [ယာဉ်]

월 일

다음을 쓰는 순서에 맞게 따라 쓰세요.
(အောက်ပါတို့ကို ရေးနည်းအစဉ်အတိုင်း မှန်ကန်စွာ လိုက်ရေးပါ။)

버 스					
비 행 기					
배					
오 토 바 이					
소 방 차					

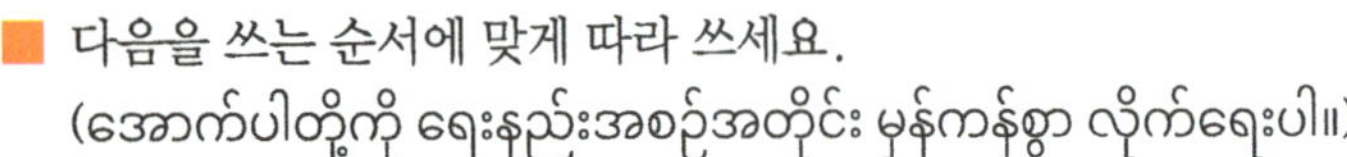

버스 ဘတ်စ်ကား

비행기 လေယာဉ်ပျံ

배 သင်္ဘော

오토바이 မော်တော်ဆိုင်ကယ်

소방차 မီးသတ်ကား

07 탈것 [ယာဉ်]

■ 다음을 쓰는 순서에 맞게 따라 쓰세요.
（အောက်ပါတို့ကို ရေးနည်းအစဉ်အတိုင်း မှန်ကန်စွာ လိုက်ရေးပါ။）

자	동	차			
지	하	철			
기	차				
헬	리	콥	터		
포	클	레	인		

자동차 မော်တော်ကား

지하철 မြေအောက်ရထား

기차 ရထား

헬리콥터 ရဟတ်ယာဉ်

포클레인 ဖွက်ကရိန်း

탈 것 [ယာဉ်]

월   일

■ 다음을 쓰는 순서에 맞게 따라 쓰세요.
(အောက်ပါတို့ကို ရေးနည်းအစဉ်အတိုင်း မှန်ကန်စွာ လိုက်ရေးပါ။)

택시 **택시** တက္ကစီ

자전거 **자전거** စက်ဘီး

트럭 **트럭** ထရပ်ကား

구급차 **구급차** လူနာတင်ယာဉ်

기구 **기구** မီးပုံးပျံ

장소 [네야]

■ 다음을 쓰는 순서에 맞게 따라 쓰세요.
  (အောက်ပါတို့ကို ရေးနည်းအစဉ်အတိုင်း မှန်ကန်စွာ လိုက်ရေးပါ။)

집						
학	교					
백	화	점				
우	체	국				
약	국					

집 အိမ်

학교 ကျောင်း

백화점 ကုန်တိုက်

우체국 စာတိုက်

약국 ဆေးဆိုင်

장 소 [နေရာ]

■ 다음을 쓰는 순서에 맞게 따라 쓰세요.
(အောက်ပါတို့ကို ရေးနည်းအစဉ်အတိုင်း မှန်ကန်စွာ လိုက်ရေးပါ။)

시	장					

시장 စျေး

식	당					

식당 စားသောက်ဆိုင်

슈	퍼	마	켓			

슈퍼마켓 စူပါမားကတ်

서	점					

서점 စာအုပ်ဆိုင်

공	원					

공원 ပန်းခြံ

장소 [နေရာ]

■ 다음을 쓰는 순서에 맞게 따라 쓰세요.
(အောက်ပါတို့ကို ရေးနည်းအစဉ်အတိုင်း မှန်ကန်စွာ လိုက်ရေးပါ။)

은	행					
병	원					
문	구	점				
미	용	실				
극	장					

은행 ဘဏ်

병원 ဆေးရုံ

문구점 စာရေးကိရိယာဆိုင်

미용실 ဆံပင်ညှပ်ဆိုင်

극장 ပြဇာတ်ရုံ/ရုပ်ရှင်ရုံ

계절, 날씨 [ဥတုရာသီ၊ ရာသီဥတု]

월   일

■ 다음을 쓰는 순서에 맞게 따라 쓰세요.
(အောက်ပါတို့ကို ရေးနည်းအစဉ်အတိုင်း မှန်ကန်စွာ လိုက်ရေးပါ။)

봄 �‌နွေဦး	봄
여름 နွေ	여 름
가을 ဆောင်းဦး	가 을
겨울 ဆောင်း	겨 울
맑다 ကြည်လင်သည်	맑 다

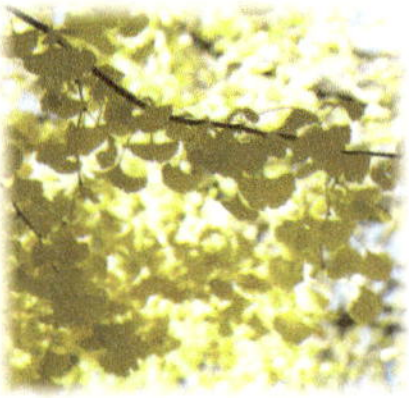

계절, 날씨 [ဥတုရာသီ၊ ရာသီဥတု]

월   일

■ 다음을 쓰는 순서에 맞게 따라 쓰세요.
(အောက်ပါတို့ကို ရေးနည်းအစဉ်အတိုင်း မှန်ကန်စွာ လိုက်ရေးပါ။)

흐	리	다				
바	람	이		분	다	
비	가		온	다		
비	가		그	친	다	
눈	이		온	다		

흐리다 အုံ့မှိုင်းသည်

바람이 분다 လေတိုက်သည်

비가 온다 မိုးရွာသည်

비가 그친다 မိုးတိတ်သည်

눈이 온다 နှင်းကျသည်

계절, 날씨 [ဥတုရာသီ၊ ရာသီဥတု]

■ 다음을 쓰는 순서에 맞게 따라 쓰세요.
　(အောက်ပါတို့ကို ရေးနည်းအစဉ်အတိုင်း မှန်ကန်စွာ လိုက်ရေးပါ။)

구	름	이		낀	다
덥	다				
춥	다				
따	뜻	하	다		
시	원	하	다		

구름이 낀다 တိမ်ထူသည်

덥다 ပူသည်

춥다 အေးသည်

따뜻하다 နွေးသည်

시원하다 အေးမြသည်

집 안의 사물 [အိမ်တွင်း ပစ္စည်းများ]

■ 다음을 쓰는 순서에 맞게 따라 쓰세요.
  (အောက်ပါတို့ကို ရေးနည်းအစဉ်အတိုင်း မှန်ကန်စွာ လိုက်ရေးပါ။)

소	파				
욕	조				
거	울				
샤	워	기			
변	기				

소파 ဆိုဖာ

욕조 ရေချိုးဇလုံ

거울 မှန်

샤워기 ရေပန်း

변기 အိမ်သာခွက်

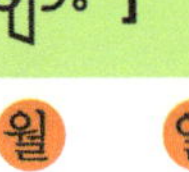

■ 다음을 쓰는 순서에 맞게 따라 쓰세요.
(အောက်ပါတို့ကို ရေးနည်းအစဉ်အတိုင်း မှန်ကန်စွာ လိုက်ရေးပါ။)

싱	크	대					

싱크대 ဘေစင်

부	엌						

부엌 မီးဖိုချောင်

거	실						

거실 ဧည့်ခန်း

안	방						

안방 အိပ်ခန်း

옷	장						

옷장 အဝတ်ဗီရို

■ 다음을 쓰는 순서에 맞게 따라 쓰세요.
 (အောက်ပါတို့ကို ရေးနည်းအစဉ်အတိုင်း မှန်ကန်စွာ လိုက်ရေးပါ။)

화	장	대				
식	탁					
책	장					
작	은	방				
침	대					

화장대 မှန်တင်ခုံ

식탁 ထမင်းစားပွဲ

책장 စာအုပ်စင်

작은방 အခန်းငယ်

침대 ကုတင်

가족 명칭 [မိသားစု အခေါ်အဝေါ်များ]

■ 다음을 쓰는 순서에 맞게 따라 쓰세요.
(အောက်ပါတို့ကို ရေးနည်းအစဉ်အတိုင်း မှန်ကန်စွာ လိုက်ရေးပါ။)

할	머	니			
할	아	버	지		
아	버	지			
어	머	니			
오	빠				

할머니 အဖွား

할아버지 အဖိုး

아버지 အဖေ

어머니 အမေ

오빠
အစ်ကို(မိန်းကလေးအခေါ်)

가족 명칭 [မိသားစု အခေါ်အဝေါ်များ]

월   일

■ 다음을 쓰는 순서에 맞게 따라 쓰세요.
  (အောက်ပါတို့ကို ရေးနည်းအစဉ်အတိုင်း မှန်ကန်စွာ လိုက်ရေးပါ။)

형						
나						
남	동	생				
여	동	생				
언	니					

형 အစ်ကို(ယောက်ျားလေးအခေါ်)

나 ငါ

남동생 မောင်/ညီ

여동생 ညီမ

언니 အစ်မ(မိန်းကလေးအခေါ်)

가족 명칭 [မိသားစု အခေါ်အဝေါ်များ]

월   일

■ 다음을 쓰는 순서에 맞게 따라 쓰세요.
  (အောက်ပါတို့ကို ရေးနည်းအစဉ်အတိုင်း မှန်ကန်စွာ လိုက်ရေးပါ။)

누나 အစ်မ(ယောက်ျားလေးအခေါ်)

삼촌 ဦးလေး

고모 အဒေါ်(အဖေဖက်)

이모 အဒေါ်(အမေဖက်)

이모부 ဦးလေး(အဒေါ်အမျိုးသား)

누	나				
삼	촌				
고	모				
이	모				
이	모	부			

학용품 [ကျောင်းသုံးပစ္စည်းများ]

월   일

■ 다음을 쓰는 순서에 맞게 따라 쓰세요.
  (အောက်ပါတို့ကို ရေးနည်းအစဉ်အတိုင်း မှန်ကန်စွာ လိုက်ရေးပါ။)

공책 ဗလာစာအုပ်

공	책				

스케치북 ပုံဆွဲစာအုပ်

스	케	치	북		

색연필 ရောင်စုံခဲတံ

색	연	필			

가위 ကတ်ကြေး

가	위				

풀 ကော်

풀					

학용품 [ကျောင်းသုံးပစ္စည်းများ]

월 일

■ 다음을 쓰는 순서에 맞게 따라 쓰세요.
(အောက်ပါတို့ကို ရေးနည်းအစဉ်အတိုင်း မှန်ကန်စွာ လိုက်ရေးပါ။)

일	기	장				
연	필					
칼						
물	감					
자						

일기장 ဒိုင်ယာရီစာအုပ်

연필 ခဲတံ

칼 ဓား

물감 ပန်းချီဆေး

자 ပေတံ

학용품 [ကျောင်းသုံးပစ္စည်းများ]

■ 다음을 쓰는 순서에 맞게 따라 쓰세요.
　(အောက်ပါတို့ကို ရေးနည်းအစဉ်အတိုင်း မှန်ကန်စွာ လိုက်ရေးပါ။)

색	종	이					
사	인	펜					
크	레	파	스				
붓							
지	우	개					

색종이 ကာလာစက္ကူ။

사인펜 ဆော့ပင်

크레파스 ဖယောင်းရောင်စုံခဲတံ

붓 စုတ်တံ

지우개 ခဲဖျက်

꽃 [ပန်း]

■ 다음을 쓰는 순서에 맞게 따라 쓰세요.
(အောက်ပါတို့ကို ရေးနည်းအစဉ်အတိုင်း မှန်ကန်စွာ လိုက်ရေးပါ။)

장	미					
진	달	래				
민	들	레				
나	팔	꽃				
맨	드	라	미			

장미 နှင်းဆီ

진달래 ချင်ဒါလဲ

민들레 ဒန်ဒလီပန်း

나팔꽃 ကန်းစွန်းပန်း

맨드라미 ကြက်မောက်ပန်း

꽃 [ပန်း]

■ 다음을 쓰는 순서에 맞게 따라 쓰세요.
　(အောက်ပါတို့ကို ရေးနည်းအစဉ်အတိုင်း မှန်ကန်စွာ လိုက်ရေးပါ။)

개	나	리					

개나리 ဂယ်နာရီ

벚	꽃						

벚꽃 ချယ်ရီ

채	송	화					

채송화 ကိုးနာရီပန်း

국	화						

국화 ဂန္ဓမာပန်း

무	궁	화					

무궁화 မူဂွန်းဟွာ

꽃 [ပန်း]

월   일

■ 다음을 쓰는 순서에 맞게 따라 쓰세요.
(အောက်ပါတို့ကို ရေးနည်းအစဉ်အတိုင်း မှန်ကန်စွာ လိုက်ရေးပါ။)

튤립 ကျူးလစ်	튤 립
봉숭아 ဒန်းပန်း	봉 숭 아
해바라기 နေကြာပန်း	해 바 라 기
카네이션 ကာနေးရှင်း	카 네 이 션
코스모스 ရွှေဒဂ်ါးပန်း	코 스 모 스

나라 이름 [နိုင်ငံ အမည်]

■ 다음을 쓰는 순서에 맞게 따라 쓰세요.
(အောက်ပါတို့ကို ရေးနည်းအစဉ်အတိုင်း မှန်ကန်စွာ လိုက်ရေးပါ။)

한	국				
필	리	핀			
일	본				
캄	보	디	아		
아	프	가	니	스	탄

한국 ကိုရီးယား

필리핀 ဖိလစ်ပိုင်

일본 ဂျပန်

캄보디아 ကမ္ဘောဒီးယား

아프가니스탄
အာဖဂန်နစ္စတန်

나라 이름 [နိုင်ငံ အမည်]

월 일

■ 다음을 쓰는 순서에 맞게 따라 쓰세요.
(အောက်ပါတို့ကို ရေးနည်းအစဉ်အတိုင်း မှန်ကန်စွာ လိုက်ရေးပါ။)

중국 타유တ်	중 국	
태국 ထိုင်း	태 국	
베트남 ဗီယက်နမ်	베 트 남	
인도 အိန္ဒိယ	인 도	
영국 ယူကေ	영 국	

나라 이름 [နိုင်ငံ အမည်]

월 · 일

■ 다음을 쓰는 순서에 맞게 따라 쓰세요.
(အောက်ပါတို့ကို ရေးနည်းအစဉ်အတိုင်း မှန်ကန်စွာ လိုက်ရေးပါ။)

미국 အမေရိကန်

미 국

몽골 မွန်ဂို

몽 골

우즈베키스탄
ဥဇဘက်ကစ္စတန်

우 즈 베 키 스 탄

러시아 ရုရှား

러 시 아

캐나다 ကနေဒါ

캐 나 다

악기 [တူရိယာ]

월   일

■ 다음을 쓰는 순서에 맞게 따라 쓰세요.
　(အောက်ပါတို့ကို ရေးနည်းအစဉ်အတိုင်း မှန်ကန်စွာ လိုက်ရေးပါ။)

기타 *ဂစ်တာ*

기	타				

북 *ဗုံ*

북					

트라이앵글 *ထရိုင်အင်္ဂဲလ်*

트	라	이	앵	글	

하모니카 *ဘာဂျာ*

하	모	니	카		

징 *မောင်းအကြီး*

징					

악기 [တူရိယာ]

■ 다음을 쓰는 순서에 맞게 따라 쓰세요.
(အောက်ပါတို့ကို ရေးနည်းအစဉ်အတိုင်း မှန်ကန်စွာ လိုက်ရေးပါ။)

피 아 노					
탬 버 린					
나 팔					
장 구					
소 고					

피아노 စန္ဒယား

탬버린 ချူတပ်ဗုံ

나팔 ခရာ

장구 ခုံးပတ်

소고 ဆိုဂို(လက်ကိုင်ဗုံ)

악기 [တူရိယာ]

■ 다음을 쓰는 순서에 맞게 따라 쓰세요.
(အောက်ပါတို့ကို ရေးနည်းအစဉ်အတိုင်း မှန်ကန်စွာ လိုက်ရေးပါ။)

피리	피 리

피리 ပလွေ

실로폰	실 로 폰

실로폰 ပတ္တလား

바이올린 타ယော
바 이 올 린

꽹과리 မောင်းအသေး
꽹 과 리

가야금 ဗျက်စောင်း
가 야 금

옷 [အဝတ်အစား]

월 일

■ 다음을 쓰는 순서에 맞게 따라 쓰세요.
(အောက်ပါတို့ကို ရေးနည်းအစဉ်အတိုင်း မှန်ကန်စွာ လိုက်ရေးပါ။)

티셔츠

티셔츠 တီရှပ်

바지

바지 ဘောင်းဘီ

점퍼

점퍼 ဂျမ်ပါ

정장

정장 အနောက်တိုင်းဝတ်စုံ

와이셔츠

와이셔츠 တီရှပ်

옷 [အဝတ်အစား]

월   일

■ 다음을 쓰는 순서에 맞게 따라 쓰세요.
(အောက်ပါတို့ကို ရေးနည်းအစဉ်အတိုင်း မှန်ကန်စွာ လိုက်ရေးပါ။)

반바지 ဘောင်းဘီတို

반 바 지

코드 ကုတ်အင်္ကျီ

코 트

교복 ကျောင်းဝတ်စုံ

교 복

블라우스 ဘလောက်စ်

블 라 우 스

청바지 ဂျင်းဘောင်းဘီ

청 바 지

옷 [အဝတ်အစား]

■ 다음을 쓰는 순서에 맞게 따라 쓰세요.
（အောက်ပါတို့ကို ရေးနည်းအစဉ်အတိုင်း မှန်ကန်စွာ လိုက်ရေးပါ။）

양	복				
작	업	복			
스	웨	터			
치	마				
한	복				

양복 အနောက်တိုင်းဝတ်စုံ

작업복 အလုပ်ဝတ်စုံ

스웨터 ဆွယ်တာ

치마 စကပ်

한복 ကိုရီးယားဝတ်စုံ

색깔 [အရောင်]

월   일

■ 다음을 쓰는 순서에 맞게 따라 쓰세요.
(အောက်ပါတို့ကို ရေးနည်းအစဉ်အတိုင်း မှန်ကန်စွာ လိုက်ရေးပါ။)

빨	간	색					
주	황	색					
초	록	색					
노	란	색					
파	란	색					

빨간색 အနီရောင်

주황색 လိမ္မော်ရောင်

초록색 အစိမ်းရောင်

노란색 အဝါရောင်

파란색 အပြာရောင်

색깔 [အရောင်]

월 일

■ 다음을 쓰는 순서에 맞게 따라 쓰세요.
(အောက်ပါတို့ကို ရေးနည်းအစဉ်အတိုင်း မှန်ကန်စွာ လိုက်ရေးပါ။)

보	라	색				

보라색 ခရမ်းရောင်

분	홍	색				

분홍색 ပန်းရောင်

하	늘	색				

하늘색 မိုးပြာရောင်

갈	색					

갈색 အညိုရောင်

검	은	색				

검은색 အနက်ရောင်

취미 [ဝါသနာ]

월   일

■ 다음을 쓰는 순서에 맞게 따라 쓰세요.
(အောက်ပါတို့ကို ရေးနည်းအစဉ်အတိုင်း မှန်ကန်စွာ လိုက်ရေးပါ။)

요 리

노 래

등 산

영 화 감 상

낚 시

요리 ဟင်းချက်ခြင်း

노래 သီချင်းဆိုခြင်း

등산 တောင်တက်ခြင်း

영화감상 ရုပ်ရှင်ကြည့်ခြင်း

낚시 ငါးမျှားခြင်း

취미 [ဝါသနာ]

■ 다음을 쓰는 순서에 맞게 따라 쓰세요.
(အောက်ပါတို့ကို ရေးနည်းအစဉ်အတိုင်း မှန်ကန်စွာ လိုက်ရေးပါ။)

음	악	감	상				

음악감상
တေးဂီတနားထောင်ခြင်း

게	임						

게임 ဂိမ်းကစားခြင်း

드	라	이	브				

드라이브 ကားမောင်းခြင်း

여	행						

여행 ခရီးသွားခြင်း

독	서						

독서 စာဖတ်ခြင်း

취미 [ဝါသနာ]

■ 다음을 쓰는 순서에 맞게 따라 쓰세요.
(အောက်ပါတို့ကို ရေးနည်းအစဉ်အတိုင်း မှန်ကန်စွာ လိုက်ရေးပါ॥)

쇼	핑					
운	동					
수	영					
사	진	촬	영			
악	기	연	주			

쇼핑 ရှော့ပင်းထွက်ခြင်း

운동 အားကစားလုပ်ခြင်း

수영 ရေးကူးခြင်း

사진촬영 ဓာတ်ပုံရိုက်ခြင်း

악기연주 တူရိယာတီးမှုတ်ခြင်း

운동 [အားကစား]

월   일

■ 다음을 쓰는 순서에 맞게 따라 쓰세요.
 (အောက်ပါတို့ကို ရေးနည်းအစဉ်အတိုင်း မှန်ကန်စွာ လိုက်ရေးပါ။)

야 구					
배 구					
축 구					
탁 구					
농 구					

야구 ဘေ့စ်ဘော

배구 ဘော်လီဘော

축구 ဘောလုံး

탁구 စားပွဲတင်တင်းနစ်

농구 ဘတ်စကက်ဘော

운동 [အားကစား]

월   일

■ 다음을 쓰는 순서에 맞게 따라 쓰세요.
(အောက်ပါတို့ကို ရေးနည်းအစဉ်အတိုင်း မှန်ကန်စွာ လိုက်ရေးပါ။)

골프						
스키						
수영						
권투						
씨름						

골프 ဂေါက်

스키 စကီ

수영 ရေကူး

권투 လက်ဝှေ့

씨름 နပန်း(ကိုရီးယားစ)

운동 [အားကစား]

월 일

■ 다음을 쓰는 순서에 맞게 따라 쓰세요.
(အောက်ပါတို့ကို ရေးနည်းအစဉ်အတိုင်း မှန်ကန်စွာ လိုက်ရေးပါ။)

테	니	스		
레	슬	링		
태	권	도		
배	드	민	턴	
스	케	이	트	

테니스 တင်းနစ်

레슬링 မောက်ကစား

태권도 တိုက်ကွမ်ဒို

배드민턴 ကြက်တောင်

스케이트 စကိတ်

20 움직임 말 (1)
[လှုပ်ရှားမှု (1)]

월 일

■ 다음을 쓰는 순서에 맞게 따라 쓰세요.
(အောက်ပါတို့ကို ရေးနည်းအစဉ်အတိုင်း မှန်ကန်စွာ လိုက်ရေးပါ။)

가 다							
오 다							
먹 다							
사 다							
읽 다							

가다 သွားသည်

오다 လာသည်

먹다 စားသည်

사다 ဝယ်သည်

읽다 ဖတ်သည်

움직임 말 (1)
[လှုပ်ရှားမှု (1)]

■ 다음을 쓰는 순서에 맞게 따라 쓰세요.
(အောက်ပါတို့ကို ရေးနည်းအစဉ်အတိုင်း မှန်ကန်စွာ လိုက်ရေးပါ။)

씻다					
자다					
보다					
일하다					
만나다					

씻다 ဆေးကြောသည်

자다 အိပ်သည်

보다 ကြည့်သည်

일하다 အလုပ်လုပ်သည်

만나다 တွေ့ဆုံသည်

움직임 말 (1)
[လှုပ်ရှားမှု (1)]

월 　 일

■ 다음을 쓰는 순서에 맞게 따라 쓰세요.
(အောက်ပါတို့ကို ရေးနည်းအစဉ်အတိုင်း မှန်ကန်စွာ လိုက်ရေးပါ။)

마 시 다						

마시다 သောက်သည်

빨 래 하 다						

빨래하다 အဝတ်လျှော်သည်

청 소 하 다						

청소하다 သန့်ရှင်းရေးလုပ်သည်

요 리 하 다						

요리하다 ဟင်းချက်သည်

공 부 하 다						

공부하다 လေ့လာသည်

 **21** # 움직임 말 (2)
[လှုပ်ရှားမှု (2)]

■ 다음을 쓰는 순서에 맞게 따라 쓰세요.
（အောက်ပါတို့ကို ရေးနည်းအစဉ်အတိုင်း မှန်ကန်စွာ လိုက်ရေးပါ။）

공을 차다
ဘောလုံးကန်သည်

공	을		차	다		

이를 닦다
သွားတိုက်သည်

이	를		닦	다		

목욕을 하다
ရေစိမ်ချိုးသည်

목	욕	을		하	다	

세수를 하다
မျက်နှာသစ်သည်

세	수	를		하	다	

등산을 하다
တောင်တက်သည်

등	산	을		하	다	

움직임 말 (2)
[လုပ်ရှားမှု (2)]

월   일

■ 다음을 쓰는 순서에 맞게 따라 쓰세요.
(အောက်ပါတို့ကို ရေးနည်းအစဉ်အတိုင်း မှန်ကန်စွာ လိုက်ရေးပါ။)

머	리	를	감	다

머리를 감다
ခေါင်းလျှော်သည်

영	화	를	보	다

영화를 보다
ရုပ်ရှင်ကြည့်သည်

공	원	에	가	다

공원에 가다
ပန်းခြံ သွားသည်

여	행	을	하	다

여행을 하다
ခရီးသွားသည်

산	책	을	하	다

산책을 하다
လမ်းလျှောက်ထွက်သည်

21

움직임 말 (2)
[လှုပ်ရှားမှု (2)]

월 일

■ 다음을 쓰는 순서에 맞게 따라 쓰세요.
(အောက်ပါတို့ကို ရေးနည်းအစဉ်အတိုင်း မှန်ကန်စွာ လိုက်ရေးပါ။)

수	영	을		하	다
쇼	핑	을		하	다
사	진	을		찍	다
샤	워	를		하	다
이	야	기	를	하	다

수영을 하다 ရေကူးသည်

쇼핑을 하다 ဈေးဝင်းထွက်သည်

사진을 찍다 ဓာတ်ပုံရိုက်သည်

샤워를 하다 ရေချိုးသည်

이야기를 하다 စကားပြောသည်

움직임 말 (3)
[လှုပ်ရှားမှု (3)]

월   일

■ 다음을 쓰는 순서에 맞게 따라 쓰세요.
(အောက်ပါတို့ကို ရေးနည်းအစဉ်အတိုင်း မှန်ကန်စွာ လိုက်ရေးပါ။)

놀 다					

놀다 ကစားသည်

자 다					

자다 အိပ်သည်

쉬 다					

쉬다 အနားယူသည်

쓰 다					

쓰다 ရေးသည်

듣 다					

듣다 နားထောင်သည်

22 움직임 말 (3)
[လုပ်ရှားမှု (3)]

■ 다음을 쓰는 순서에 맞게 따라 쓰세요.
（အောက်ပါတို့ကို ရေးနည်းအစဉ်အတိုင်း မှန်ကန်စွာ လိုက်ရေးပါ။）

닫다 ပိတ်သည်

닫	다					

켜다 ဖွင့်သည်

켜	다					

서다 မတ်တပ်ရပ်သည်

서	다					

앉다 ထိုင်သည်

앉	다					

끄다 ပိတ်သည်

끄	다					

움직임 말 (3)
[လှုပ်ရှားမှု (3)]

월　　　일

■ 다음을 쓰는 순서에 맞게 따라 쓰세요.
　(အောက်ပါတို့ကို ရေးနည်းအစဉ်အတိုင်း မှန်ကန်စွာ လိုက်ရေးပါ။)

열 다	
나 오 다	
배 우 다	
들 어 가 다	
가 르 치 다	

열다 　ဖွင့်သည်

나오다 　ထွက်လာသည်

배우다 　သင်ယူသည်

들어가다 　ဝင်သွားသည်

가르치다 　သင်ကြားသည်

■ 다음을 쓰는 순서에 맞게 따라 쓰세요.
(အောက်ပါတို့ကို ရေးနည်းအစဉ်အတိုင်း မှန်ကန်စွာ လိုက်ရေးပါ။)

부르다 ခေါ်သည်

부	르	다			

달리다 ပြေးသည်

달	리	다			

기다 တွားသွားသည်

기	다				

날다 ပျံသည်

날	다				

긁다 ကုတ်ခြစ်သည်

긁	다				

■ 다음을 쓰는 순서에 맞게 따라 쓰세요.
(အောက်ပါတို့ကို ရေးနည်းအစဉ်အတိုင်း မှန်ကန်စွာ လိုက်ရေးပါ။)

찍다 ရိုက်သည်	찍 다
빌리다 ပစ်သည်	빌 리 다
키우다 စိုက်ပျိုးသည်	키 우 다
갈다 လဲသည်	갈 다
닦다 သုတ်သည်	닦 다

세는 말 (단위)

[မျိုးပြပစ္စည်း]

월   일

■ 다음을 쓰는 순서에 맞게 따라 쓰세요.
(အောက်ပါတို့ကို ရေးနည်းအစဉ်အတိုင်း မှန်ကန်စွာ လိုက်ရေးပါ။)

개					
대					
척					
송이					
그루					

개 ခု

대 စီး(ကား)

척 စီး(သင်္ဘော)

송이 ခိုင်

그루 ပင်

23 세는 말 (단위)
[မျိုးပြပစ္စည်း]

■ 다음을 쓰는 순서에 맞게 따라 쓰세요.
　(အောက်ပါတို့ကို ရေးနည်းအစဉ်အတိုင်း မှန်ကန်စွာ လိုက်ရေးပါ။)

상	자					
봉	지					
장						
병						
자	루					

상자 ပုံး

봉지 ထုပ်

장 ရွက်

병 ပုလင်း

자루 ချောင်း

월 일

■ 다음을 쓰는 순서에 맞게 따라 쓰세요.
(အောက်ပါတို့ကို ရေးနည်းအစဉ်အတိုင်း မှန်ကန်စွာ လိုက်ရေးပါ။)

벌 ထည်

벌						

켤레 ရံ

켤	레					

권 အုပ်

권						

마리 ကောင်

마	리					

잔 ခွက်

잔						

■ 다음을 쓰는 순서에 맞게 따라 쓰세요.
(အောက်ပါတို့ကို ရေးနည်းအစဉ်အတိုင်း မှန်ကန်စွာ လိုက်ရေးပါ။)

채					
명					
통					
가 마					
첩					

채 အိမ်

명 ယောက်

통 ပုံး

가마 အိတ်

첩 (ဆေး)ခွက်စာ

꾸미는 말 (1)
[ဂုဏ်ရည်ပြ (1)]

■ 다음을 쓰는 순서에 맞게 따라 쓰세요.
(အောက်ပါတို့ကို ရေးနည်းအစဉ်အတိုင်း မှန်ကန်စွာ လိုက်ရေးပါ။)

많다 များသည်

많	다					

적다 နည်းသည်

적	다					

크다 ကြီးသည်

크	다					

작다 သေးသည်

작	다					

비싸다 ဈေးကြီးသည်

비	싸	다				

24 꾸미는 말 (1)
[ဂုဏ်ရည်ပြ (1)]

■ 다음을 쓰는 순서에 맞게 따라 쓰세요.
(အောက်ပါတို့ကို ရေးနည်းအစဉ်အတိုင်း မှန်ကန်စွာ လိုက်ရေးပါ။)

싸 다						
길 다						
짧 다						
빠 르 다						
느 리 다						

싸다 ဈေးချိုသည်

길다 ရှည်သည်

짧다 တိုသည်

빠르다 မြန်သည်

느리다 နှေးသည်

꾸미는 말 (1)
[ဂုဏ်ရည်ပြ (1)]

월   일

■ 다음을 쓰는 순서에 맞게 따라 쓰세요.
(အောက်ပါတို့ကို ရေးနည်းအစဉ်အတိုင်း မှန်ကန်စွာ လိုက်ရေးပါ။)

굵 다				
가 늘 다				
밝 다				
어 둡 다				
좋 다				

굵다 (အလုံး)တုတ်သည်

가늘다 သေးမျှင်သည်

밝다 လင်းသည်

어둡다 မှောင်သည်

좋다 ကောင်းသည်

■ 다음을 쓰는 순서에 맞게 따라 쓰세요.
(အောက်ပါတို့ကို ရေးနည်းအစဉ်အတိုင်း မှန်ကန်စွာ လိုက်ရေးပါ။)

맵 다				
시 다				
가 볍 다				
좁 다				
따 뜻 하 다				

맵다 စပ်သည်

시다 ချဉ်သည်

가볍다 ပေါ့ပါးသည်

좁다 ကျဉ်းသည်

따뜻하다 နွေးထွေးသည်

25 꾸미는 말 (2)
[ဂုဏ်ရည်ပြ (2)]

■ 다음을 쓰는 순서에 맞게 따라 쓰세요.
(အောက်ပါတို့ကို ရေးနည်းအစဉ်အတိုင်း မှန်ကန်စွာ လိုက်ရေးပါ။)

짜	다					

짜다 ငန်သည်

쓰	다					

쓰다 ခါးသည်

무	겁	다				

무겁다 လေးသည်

깊	다					

깊다 နက်သည်

차	갑	다				

차갑다 အေးစက်သည်

월   일

■ 다음을 쓰는 순서에 맞게 따라 쓰세요.
(အောက်ပါတို့ကို ရေးနည်းအစဉ်အတိုင်း မှန်ကန်စွာ လိုက်ရေးပါ။)

달 다					
싱 겁 다					
넓 다					
얕 다					
귀 엽 다					

달다 ချိုသည်

싱겁다 ပေါ့သည်

넓다 ကျယ်သည်

얕다 တိမ်သည်

귀엽다 ချစ်စရာကောင်းသည်

기분을 나타내는 말
[စိတ်ခံစားချက်ပြ စကား]

월 일

■ 다음을 쓰는 순서에 맞게 따라 쓰세요.
(အောက်ပါတို့ကို ရေးနည်းအစဉ်အတိုင်း မှန်ကန်စွာ လိုက်ရေးပါ။)

기쁘다 ပျော်သည်

기 쁘 다

슬프다 ဝမ်းနည်းသည်

슬 프 다

화나다 ဒေါသထွက်သည်

화 나 다

놀라다 ထိတ်လန့်သည်

놀 라 다

곤란하다
အဆင်မပြေဖြစ်သည်

곤 란 하 다

기분을 나타내는 말
[စိတ်ခံစားချက်ပြ စကား]

월   일

■ 다음을 쓰는 순서에 맞게 따라 쓰세요.
(အောက်ပါတို့ကို ရေးနည်းအစဉ်အတိုင်း မှန်ကန်စွာ လိုက်ရေးပါ။)

궁	금	하	다		
지	루	하	다		
부	끄	럽	다		
피	곤	하	다		
신	나	다			

궁금하다 သိချင်သည်

지루하다
ပျင်းစရာကောင်းသည်

부끄럽다 ရှက်သည်

피곤하다 ပင်ပန်းသည်

신나다 တက်ကြွပျော်ရွှင်သည်

높임말
[ယဉ်ကျေးသည့် စကားလုံး]

월 일

■ 다음을 쓰는 순서에 맞게 따라 쓰세요.
（အောက်ပါတို့ကို ရေးနည်းအစဉ်အတိုင်း မှန်ကန်စွာ လိုက်ရေးပါ။）

집						
댁						
밥						
진	지					
병						
병	환					
말						
말	씀					
나	이					
연	세					

집 အိမ် → 댁 အိမ်

밥 ထမင်း → 진지 ထမင်း

병 ရောဂါ → 병환 ရောဂါ

말 စကား → 말씀 စကား

나이 အသက် → 연세 အသက်

■ 다음을 쓰는 순서에 맞게 따라 쓰세요.
(အောက်ပါတို့ကို ရေးနည်းအစဉ်အတိုင်း မှန်ကန်စွာ လိုက်ရေးပါ။)

생일 မွေးနေ့ → 생신 မွေးနေ့

생	일					
생	신					

있다 ရှိသည် → 계시다 ရှိသည်

있	다					
계	시	다				

먹다 စားသည် → 드시다 စားသည်

먹	다					
드	시	다				

자다 အိပ်သည် →
주무시다 အိပ်သည်

자	다					
주	무	시	다			

주다 ပေးသည် →
드리다 ပေးသည်

주	다					
드	리	다				

소리가 같은 말 (1)
[အသံထွက်တူ စကားလုံး (1)]

월   일 • 145

■ 다음을 쓰는 순서에 맞게 따라 쓰세요.
（အောက်ပါတို့ကို ရေးနည်းအစဉ်အတိုင်း မှန်ကန်စွာ လိုက်ရေးပါ။）

눈 မျက်လုံး (단음)   눈 နှင်း (장음)

발 ခြေဖဝါး (단음)   발 ယင်းလိပ် (장음)

밤 ည (단음)   밤 သစ်အယ်သီး (장음)

차 ကား (단음)   차 ရေနွေးကြမ်း (단음)

비 မိုး (단음)   비 တံမြက်စည်း (단음)

눈					
발					
밤					
차					
비					

■ 다음을 쓰는 순서에 맞게 따라 쓰세요.
(အောက်ပါတို့ကို ရေးနည်းအစဉ်အတိုင်း မှန်ကန်စွာ လိုက်ရေးပါ။)

말					
벌					
상					
굴					
배					

말 မြင်း (단음)　　말 စကား (장음)

벌 အပြစ်ဒဏ် (난음)　　벌 ပျား (장음)

상 စားပွဲ (단음)　　상 ဆု (단음)

굴 ဂုံး (단음)　　굴 လိုဏ်ခေါင်း (장음)

배 သင်္ဘော (단음)　　배 ဗိုက် (단음)

소리가 같은 말 (1)
[အသံထွက်တူ စကားလုံး (1)]

월   일

■ 다음을 쓰는 순서에 맞게 따라 쓰세요.
(အောက်ပါတို့ကို ရေးနည်းအစဉ်အတိုင်း မှန်ကန်စွာ လိုက်ရေးပါ။)

다리 တံတား (단음)   다리 ခြေထောက် (단음)

다	리			

새끼 အကောင်ပေါက် (단음)   새끼 ကြိုးရိုးကြီး (단음)

새	끼			

돌 ကျောက်ခဲ (장음)   돌 တစ်နှစ်ပြည့်မွေးနေ့ (단음)

돌				

병 ရောဂါ (장음)   병 ပုလင်း (단음)

병				

바람 လေ (단음)   바람 မျှော်လင့်ချက် (단음)

바	람			

■ 다음을 쓰는 순서에 맞게 따라 쓰세요.
(အောက်ပါတို့ကို ရေးနည်းအစဉ်အတိုင်း မှန်ကန်စွာ လိုက်ရေးပါ။)

깨	다				
묻	다				
싸	다				
세	다				
차	다				

깨다 နိုးသည် (장음) **깨다** ခွဲသည် (단음)

묻다 မြေမြှုပ်သည် (난음) **묻다** မေးသည် (장음)

싸다 ဈေးချိုသည် (단음) **싸다** အပေါ့အလေးသွားသည် (단음)

세다 ရေတွက်သည် (장음) **세다** အားသန်သည် (장음)

차다 အေးသည် (단음) **차다** ပြည့်သည် (단음)

■ 다음을 쓰는 순서에 맞게 따라 쓰세요.
(အောက်ပါတို့ကို ရေးနည်းအစဉ်အတိုင်း မှန်ကန်စွာ လိုက်ရေးပါ။)

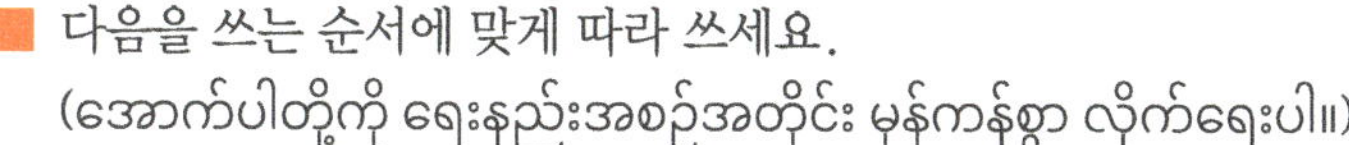

맞다 မှန်ကန်သည် (단음)   맞다 ထိမှန်သည် (단음)

맡다 ပစ္စည်းအပ်နှံသည် (단음)   맡다 အနံ့ခံသည် (단음)

쓰다 ရေးသည် (단음)   쓰다 ခါးသည် (단음)

맞	다			
맡	다			
쓰	다			

소리를 흉내 내는 말

[မြည်သံစွဲ စကားလုံး]

월   일

■ 다음을 쓰는 순서에 맞게 따라 쓰세요.
(အောက်ပါတို့ကို ရေးနည်းအစဉ်အတိုင်း မှန်ကန်စွာ လိုက်ရေးပါ။)

어	흥				
꿀	꿀				
야	옹				
꼬	꼬	댁			
꽥	꽥				

어흥 အောဟွန်း

꿀꿀 ကူးလ်ကူးလ်

야옹 ရားအုန်

꼬꼬댁 ကိုကိုဒဲ

꽥꽥 ကွဲ့ကွဲ့

■ 다음을 쓰는 순서에 맞게 따라 쓰세요.
(အောက်ပါတို့ကို ရေးနည်းအစဉ်အတိုင်း မှန်ကန်စွာ လိုက်ရေးပါ။)

붕						
매 앰						
부 르 릉						
딩 동						
빠 빠						

붕 ဘွန်း

매앰 မအဲမ်း

부르룽 ဘရွန်း

딩동 ဒင်းဒွန်း

빠-빠 ပါပါ

■ 안녕하세요! K-한글(www.k-hangul.kr)입니다.
'외국인을 위한 기초 한글 배우기' 1호 기초 편에서 다루지 못한 내용을 부록 편에
다음과 같이 **40가지 주제별로** 수록하니, 많은 이용 바랍니다.

■ မင်္ဂလာပါ။ K-ဟန်းဂူးလ်(www.k-hangul.kr)ဖြစ်ပါသည်။
'နိုင်ငံခြားသားများအတွက် အခြေခံ ကိုရီးယားစာ သင်ယူခြင်း' နံပါတ် 1 အခြေခံစာအုပ်တွင် မထည့်ထားသည့် အကြောင်းအရာများကို
နောက်ဆက်တွဲစာအုပ်တွင် အောက်ပါအတိုင်း ခေါင်းစဉ် အခု 40ဖြင့် ထည့်သွင်းထားသည့်အတွက် အသုံးပြုပေးပါရန် မေတ္တာရပ်ခံပါသည်။

번호	주제	번호	주제	번호	주제
1	**숫자**(50개) Number(s)	16	**인칭 대명사**(14개) Personal pronouns	31	**물건 사기**(30개) Buying Goods
2	**연도**(15개) Year(s)	17	**지시 대명사**(10개) Demonstrative pronouns	32	**전화하기**(21개) Making a phone call
3	**월**(12개) Month(s)	18	**의문 대명사**(10개) Interrogative pronouns	33	**인터넷**(20개) Words related to the Internet
4	**일**(31개) Day(s)	19	**가족**(24개) Words related to Family	34	**건강**(35개) Words related to health
5	**요일**(10개) Day of a week	20	**국적**(20개) Countries	35	**학교**(51개) Words related to school
6	**년**(20개) Year(s)	21	**인사**(5개) Phrases related to greetings	36	**취미**(28개) Words related to hobby
7	**개월**(12개) Month(s)	22	**작별**(5개) Phrases related to bidding farewell	37	**여행**(35개) Travel
8	**일(간), 주일(간)**(16개) Counting Days	23	**감사**(3개) Phrases related to expressing gratitude	38	**날씨**(27개) Weather
9	**시**(20개) Units of Time(hours)	24	**사과**(7개) Phrases related to making an apology	39	**은행**(25개) Words related to bank
10	**분**(16개) Units of Time(minutes)	25	**요구, 부탁**(5개) Phrases related to asking a favor	40	**우체국**(14개) Words related to post office
11	**시간**(10개) Hour(s)	26	**명령, 지시**(5개) Phrases related to giving instructions		
12	**시간사**(25개) Words related to Time	27	**칭찬, 감탄**(7개) Phrases related to compliment and admiration		
13	**계절**(4개) seasons	28	**환영, 축하, 기원**(10개) Phrases related to welcoming, congratulating and blessing		
14	**방위사**(14개) Words related to directions	29	**식당**(30개) Words related to Restaurant		
15	**양사**(25개) quantifier	30	**교통**(42개) Words related to transportation		

MP3	주제	단어
	1. 숫자	1, 2, 3, 4, 5, / 6, 7, 8, 9, 10, / 11, 12, 13, 14, 15, / 16, 17, 18, 19, 20, / 21, 22, 23, 24, 25, / 26, 27, 28, 29, 30, / 31, 40, 50, 60, 70, / 80, 90, 100, 101, 102, / 110, 120, 130, 150, 천, / 만, 십만, 백만, 천만, 억
	2. 연도	1999년, 2000년, 2005년, 2010년, 2015년, / 2020년, 2023년, 2024년, 2025년, 2026년, / 2030년, 2035년, 2040년, 2045년, 2050년
	3. 월	1월, 2월, 3월, 4월, 5월, / 6월, 7월, 8월, 9월, 10월, / 11월, 12월
	4. 일	1일, 2일, 3일, 4일, 5일, / 6일, 7일, 8일, 9일, 10일, / 11일, 12일, 13일, 14일, 15일, / 16일, 17일, 18일, 19일, 20일, / 21일, 22일, 23일, 24일, 25일, / 26일, 27일, 28일, 29일, 30일, / 31일
	5. 요일	월요일, 화요일, 수요일, 목요일, 금요일, / 토요일, 일요일, 공휴일, 식목일, 현충일
	6. 년	1년, 2년, 3년, 4년, 5년, / 6년, 7년, 8년, 9년, 10년, / 15년, 20년, 30년, 40년, 50년, / 100년, 200년, 500년, 1000년, 2000년
	7. 개월	1개월(한 달), 2개월(두 달), 3개월(석 달), 4개월(네 달), 5개월(다섯 달), / 6개월(여섯 달), 7개월(일곱 달), 8개월(여덟 달), 9개월(아홉 달), 10개월(열 달), / 11개월(열한 달), 12개월(열두 달)
	8. 일(간), 주일(간)	하루(1일), 이틀(2일), 사흘(3일), 나흘(4일), 닷새(5일), / 엿새(6일), 이레(7일), 여드레(8일), 아흐레(9일), 열흘(10일), / 10일(간), 20일(간), 30일(간), 100일(간), 일주일(간), / 이 주일(간)
	9. 시	1시, 2시, 3시, 4시, 5시, / 6시, 7시, 8시, 9시, 10시, / 11시, 12시, 13시(오후 1시), 14시(오후 2시), 15시(오후 3시), / 18시(오후 6시), 20시(오후 8시), 22시(오후 10시), 24시(오후 12시)
	10. 분	1분, 2분, 3분, 4분, 5분, / 10분, 15분, 20분, 25분, 30분(반 시간), / 35분, 40분, 45분, 50분, 55분, / 60분(1시간)

MP3	주제	단어
	11. 시간	반 시간(30분), 1시간, 1시간 반(1시간 30분), 2시간, 3시간, / 4시간, 5시간, 10시간, 12시간, 24시간
	12.시간사	오전, 정오, 오후, 아침, 점심, / 저녁, 지난주, 이번 주, 다음 주, 지난달, / 이번 달, 다음날, 재작년, 작년, 올해, / 내년, 내후년, 그저께(이틀 전날), 엊그제(바로 며칠 전), 어제(오늘의 하루 전날), / 오늘, 내일(1일 후), 모레(2일 후), 글피(3일 후), 그글피(4일 후)
	13. 계절	봄(春), 여름(夏), 가을(秋), 겨울(冬)
	14.방위사	동쪽, 서쪽, 남쪽, 북쪽, 앞쪽, / 뒤쪽, 위쪽, 아래쪽, 안쪽, 바깥쪽, / 오른쪽, 왼쪽, 옆, 중간
	15. 양사	개(사용 범위가 가장 넓은 개체 양사), 장(평면이 있는 사물), 척(배를 세는 단위), 마리(날짐승이나 길짐승), 자루, / 다발(손에 쥘 수 있는 물건), 권(서적 류), 개(물건을 세는 단위), 갈래, 줄기(가늘고 긴 모양의 사물이나 굽은 사물), / 건(사건), 벌(의복), 쌍, 짝, 켤레, / 병, 조각(덩어리, 모양의 물건), 원(화폐), 대(각종 차량), 대(기계, 설비 등), / 근(무게의 단위), 킬로그램(힘의 크기, 무게를 나타내는 단위), 번(일의 차례나 일의 횟수를 세는 단위), 차례(단순히 반복적으로 발생하는 동작), 식사(끼)
	16. 인칭 대명사	※ 인칭 대명사 : 사람의 이름을 대신하여 나타내는 대명사. 나, 너, 저, 당신, 우리, / 저희, 여러분, 너희, 그, 그이, / 저분, 이분, 그녀, 그들
	17. 지시 대명사	※ 지시 대명사 : 사물이나 장소의 이름을 대신하여 나타내는 대명사. 이것, 이곳, 저것, 저곳, 저기, / 그것(사물이나 대상을 가리킴), 여기, 무엇(사물의 이름), 거기(가까운 곳, 이미 이야기한 곳), 어디(장소의 이름)
	18. 의문 대명사	※ 의문 대명사 : 물음의 대상을 나타내는 대명사. 누구(사람의 정체), 몇(수효), 어느(둘 이상의 것 가운데 대상이 되는 것), 어디(처소나 방향), 무엇(사물의 정체), / 언제, 얼마, 어떻게(어떤 방법, 방식, 모양, 형편, 이유), 어떤가?, 왜(무슨 까닭으로, 어떤 사실에 대하여 확인을 요구할 때)
	19. 가족	할아버지, 할머니, 아버지, 어머니, 남편, / 아내, 딸, 아들, 손녀, 손자, / 형제자매, 형, 오빠, 언니, 누나, / 여동생, 남동생, 이모, 이모부, 고모, / 고모부, 사촌, 삼촌, 숙모
	20. 국적	국가, 나라, 한국, 중국, 대만, / 일본, 미국, 영국, 캐나다, 인도네시아, / 독일, 러시아, 이탈리아, 프랑스, 인도, / 태국, 베트남, 캄보디아, 몽골, 라오스

MP3	주제	단어
	21. 인사	안녕하세요!, 안녕하셨어요?, 건강은 어떠세요?, 그에게 안부 전해주세요, 굿모닝!
	22. 작별	건강하세요, 행복하세요, 안녕(서로 만나거나 헤어질 때), 내일 보자, 다음에 보자.
	23. 감사	고마워, 감사합니다, 도와주셔서 감사드립니다.
	24. 사과	미안합니다, 괜찮아요!, 죄송합니다, 정말 죄송합니다, 모두 다 제 잘못입니다, / 오래 기다리셨습니다, 유감이네요.
	25. 요구, 부탁	잠시 기다리세요, 저 좀 도와주세요, 좀 빨리해 주세요, 문 좀 닫아주세요, 술 좀 적게 드세요.
	26. 명령, 지시	일어서라!, 들어오시게, 늦지 말아라, 수업 시간에는 말하지 마라, 금연입니다.
	27. 칭찬, 감탄	정말 잘됐다!, 정말 좋다, 정말 대단하다, 진짜 잘한다!, 정말 멋져!, / 솜씨가 보통이 아니네!, 영어를 잘하는군요. ※ 감탄사의 종류(감정이나 태도를 나타내는 단어) : 아하, 헉, 우와, 아이고, 아차, 앗, 어머, 저런, 여보, 야, 아니요, 네, 예, 그래, 얘 등
	28. 환영, 축하, 기원	환영합니다!, 또 오세요, 생일 축하해!, 대입 합격 축하해!, 축하드려요, / 부자 되세요, 행운이 깃드시길 바랍니다, 만사형통하시길 바랍니다, 건강하세요, 새해 복 많이 받으세요!
	29. 식당	음식, 야채, 먹다, 식사 도구, 메뉴판, / 세트 요리, 종업원, 주문하다, 요리를 내오다, 중국요리, / 맛, 달다, 담백하다, 맵다, 새콤달콤하다, / 신선하다, 국, 탕, 냅킨, 컵, / 제일 잘하는 요리, 계산, 잔돈, 포장하다, 치우다, / 건배, 맥주, 술집, 와인, 술에 취하다.
	30. 교통	말씀 좀 묻겠습니다, 길을 묻다, 길을 잃다, 길을 건너가다, 지도, / 부근, 사거리, 갈아타다, 노선, 버스, / 몇 번 버스, 정거장, 줄을 서다, 승차하다, 승객, / 차비, 지하철, 환승하다, 1호선, 좌석, / 출구, 택시, 택시를 타다, 차가 막히다, 차를 세우다, / 우회전, 좌회전, 유턴하다, 기차, 기차표, / 일반 침대석, 일등 침대석, 비행기, 공항, 여권, / 주민등록증, 연착하다, 이륙, 비자, 항공사, / 안전벨트, 현지시간

MP3	주제	단어
	31. 물건 사기	손님, 서비스, 가격, 가격 흥정, 노점, / 돈을 내다, 물건, 바겐세일, 싸다, 비싸다, / 사이즈, 슈퍼마켓, 얼마예요?, 주세요, 적당하다, / 점원, 품질, 백화점, 상표, 유명 브랜드, / 선물, 영수증, 할인, 반품하다, 구매, / 사은품, 카드 결제하다, 유행, 탈의실, 계산대
	32. 전화하기	여보세요, 걸다, (다이얼을)누르다, ○○ 있나요?, 잘못 걸다, / 공중전화, 휴대전화 번호, 무료 전화, 국제전화, 국가번호, / 지역번호, 보내다, 문자 메시지, 시외전화, 전화받다, / 전화번호, 전화카드, 통화 중, 통화 요금, 휴대전화, / 스마트폰
	33. 인터넷	인터넷, 인터넷에 접속하다, 온라인게임, 와이파이, 전송하다, / 데이터, 동영상, 아이디, 비밀번호, 이메일, / 노트북, 검색하다, 웹사이트, 홈페이지 주소, 인터넷 쇼핑, / 업로드, 다운로드, pc방, 바이러스, 블로그
	34. 건강	병원, 의사, 간호사, 진찰하다, 수술, / 아프다, 환자, 입원, 퇴원, 기침하다, / 열나다, 체온, 설사가 나다, 콧물이 나다, 목이 아프다, / 염증을 일으키다, 건강, 금연하다, 약국, 처방전, / 비타민, 복용하다, 감기, 감기약, 마스크, / 비염, 고혈압, 골절, 두통, 알레르기, / 암, 전염병, 정신병, 혈액형, 주사 놓다
	35. 학교	초등학교, 중학교, 고등학교, 중·고등학교, 대학교, / 교실, 식당, 운동장, 기숙사, 도서관, / 교무실, 학생, 초등학생, 중학생, 고등학생, / 대학생, 유학생, 졸업생, 선생님, 교사, / 교장, 교수, 국어, 수학, 영어, / 과학, 음악, 미술, 체육, 입학하다, / 졸업하다, 학년, 전공, 공부하다, 수업을 시작하다, / 수업을 마치다, 출석을 부르다, 지각하다, 예습하다, 복습하다, / 숙제를 하다, 시험을 치다, 합격하다, 중간고사, 기말고사, / 여름방학, 겨울방학, 성적, 교과서, 칠판, / 분필
	36. 취미	축구 마니아, ○○마니아, 여가 시간, 좋아하다, 독서, / 음악 감상, 영화 감상, 텔레비전 시청, 연극 관람, 우표 수집, / 등산, 바둑, 노래 부르기, 춤추기, 여행하기, / 게임하기, 요리, 운동, 야구(하다), 농구(하다), / 축구(하다), 볼링(치다), 배드민턴(치다), 탁구(치다), 스키(타다), / 수영(하다), 스케이팅, 태권도
	37. 여행	여행(하다), 유람(하다), 가이드, 투어, 여행사, / 관광명소, 관광특구, 명승지, 기념품, 무료, / 유료, 할인티켓, 고궁, 경복궁, 남산, / 한국민속촌, 호텔, 여관, 체크인, 체크아웃, / 빈 방, 보증금, 숙박비, 호실, 팁, / 싱글룸, 트윈룸, 스탠더드룸, 1박하다, 카드 키, / 로비, 룸서비스, 식당, 뷔페, 프런트 데스크
	38. 날씨	일기예보, 기온, 최고기온, 최저기온, 온도, / 영상, 영하, 덥다, 따뜻하다, 시원하다, / 춥다, 흐린 날씨, 맑은 날, 비가 오다, 눈이 내리다, / 건조하다, 습하다, 가랑비, 구름이 많이 끼다, 보슬비, / 천둥치다, 번개, 태풍, 폭우, 폭설, / 황사, 장마
	39. 은행	예금하다, 인출하다, 환전하다, 송금하다, 예금주, / 예금통장, 계좌, 계좌번호, 원금, 이자, / 잔여금액, 비밀번호, 현금카드, 현금 인출기, 수수료, / 현금, 한국 화폐, 미국 달러, 외국 화폐, 환율, / 환전소, 신용카드, 대출, 인터넷뱅킹, 폰뱅킹

MP3	주제	단어
	40. 우체국	편지, 편지봉투, 소포, 부치다, 보내는 사람, / 받는 사람, 우편물, 우편번호, 우편요금, 우체통, / 우표, 주소, 항공우편, EMS

1. 영어로 한글배우기
Learning Korean
in **English**

2. 베트남어로 한글배우기
Học tiếng Hàn bằng
tiếng Việt

3. 몽골어로 한글배우기
Монгол хэл дээр солонгос
цагаан толгой сурах

4. 일본어로 한글배우기
日本語でハングルを学ぼう

5. 스페인어로 한글배우기(유럽연합)
APRENDER COREANO EN
ESPAÑOL

6. 프랑스어로 한글배우기
Apprendre le coréen en
français

7. 러시아어로 한글배우기
Изучение хангыля
на русском языке

8. 중국어로 한글배우기
用中文学习韩文

9. 독일어로 한글배우기
Koreanisch lernen
auf **Deutsch**

10. 태국어로 한글배우기
เรียนฮันกึล**ด้วยภาษาไทย**

11. 힌디어로 한글배우기
हिंदी में हंगेउल सीखना

12. 아랍어로 한글배우기
تعلم اللغة الكورية بالعربية

'**K-한글**'의 세계화 www.k-hangul.kr

'K-ကိုရီးယားစာ' ကမ္ဘာလွှမ်းစေရမည်

13. 페르시아어로 한글배우기
یادگیری کرهای از طریق فارسی

14. 튀르키예어로 한글배우기
Hangıl'ı **Türkçe** Öğrenme

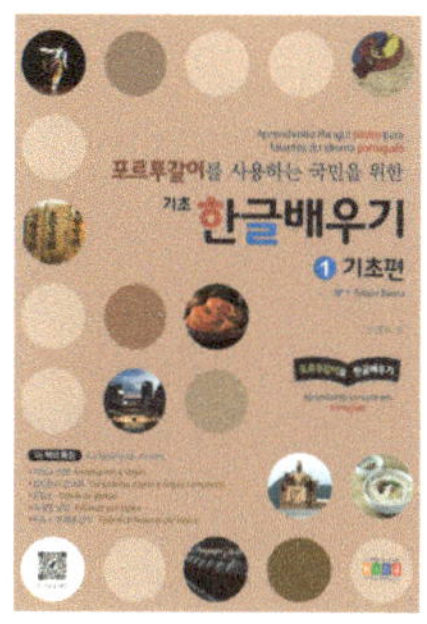

15. 포르투갈어로 한글배우기
Aprendendo Coreano em **Português**

16. 스페인어로 한글배우기(남미)
Aprendizaje de coreano en **español**

17. 인도네시아어로 한글배우기
Belajar Hangul dalam **Bahasa Indonesia**

18. 이탈리아어로 한글배우기
Imparare Hangul in **italiano**

19. 캄보디아어로 한글배우기
រៀនអក្សរកូរ៉េជា**ភាសាខ្មែរ**

20. 라오스어로 한글배우기
ຮຽນຮັນກຶລດ້ວຍ**ພາສາລາວ**

21. 네팔어로 한글배우기
नेपाली भाषामा हाङ्गुल सिक्ने पुस्तक

22. 미얀마어로 한글배우기
မြန်မာဘာသာစကားဖြင့် ကိုရီးယားစာ
သင်ယူခြင်း

미얀마어를 사용하는 국민을 위한 기초 한글배우기

한글배우기 ❶ 기초편

2025년 9월 15일 초판 1쇄 발행

발행인 | 배영순
저자 | 권용선(權容璿) စာရေးသူ။ ။ဂွန်းယုံးဆောင်း
펴낸곳 | 홍익교육 ထုတ်ဝေသူ။ ။ကိုရီးယားသမ္မတနိုင်ငံ ဟွန်းအိပ်ညာရေး
기획·편집 | 아이한글 연구소
출판등록 | 2010-10호
주소 | 경기도 광명시 광명동 747-19 리츠팰리스 비동 504호
전화 | 02-2060-4011
홈페이지 | www.k-hangul.kr
E-mail | kwonys15@naver.com
정가 | 14,000원
ISBN 979-11-88505-90-6 / 13710

이 책은 저작권법에 의하여 보호를 받는 저작물이므로 무단
복제, 복사 및 전송을 할 수 없습니다.
This book is protected by copyright laws. Reproduction and
distribution of the book without permission is prohibited.